乡镇（街道）社工站实务丛书

社工站项目设计怎么做

龙欢　王肖静 / 著

中国社会出版社

国家一级出版社·全国百佳图书出版单位

图书在版编目（CIP）数据

社工站项目设计怎么做 / 龙欢，王肖静著． — 北京：
中国社会出版社，2024．7． --（乡镇（街道）社工站实
务丛书 / 李焱林主编）． -- ISBN 978-7-5087-7026-0

Ⅰ．D669

中国国家版本馆 CIP 数据核字第 20242SA855 号

社工站项目设计怎么做

出 版 人：程　伟
丛书策划：王　前　李焱林
终 审 人：王　前
责任编辑：杜　康
装帧设计：尹　帅
出版发行：中国社会出版社
　　　　　（北京市西城区二龙路甲 33 号　邮编 100032）
印刷装订：河北鑫兆源印刷有限公司
版　　次：2024 年 7 月第 1 版
印　　次：2024 年 7 月第 1 次印刷
开　　本：170mm×240mm　1/16
字　　数：200 千字
印　　张：13.25
定　　价：48.00 元

丛书前言

2006 年 10 月，党的十六届六中全会首次对构建社会主义和谐社会作出全面部署。党的十八大以来，以习近平同志为核心的党中央从党和人民事业发展的角度出发，进一步对社会建设作出了一系列重要论述和重大部署，将社会建设提到了前所未有的高度。社会建设工作是直接服务群众的工作，与群众冷暖息息相关，是我们党人民立场、人民情怀的集中体现。社会建设应坚持服务为先，以保障和改善民生为重点，着力解决人民最关心、最直接、最现实的利益问题。其中，加强和创新社会治理是社会建设的时代课题，是国家治理体系和治理能力现代化的重要内容。

民政部门履行基本民生保障、基层社会治理、基本社会服务等职责。民政工作关系民生、连着民心，是社会建设的兜底性、基础性工作，是国家治理体系和治理能力建设的重要基石。随着社会建设水平的不断提高，民政服务领域不断拓展、民政服务对象持续增加、民政服务诉求日益多元，民政部门迫切需要一支强有力的基层民政服务力量来回应民政服务对象日益增长的美好生活需要。然而，不同于教育、卫健等部门已在基层设立了专门的服务机构、配备了专业技术人员，民政部门长期缺乏专门的基层民政服务专业技术人才和机构。

1987 年，民政部在北京马甸举办"中国社会工作教育发展论证会"（学界称"马甸会议"），邀请原国家教育委员会、原人事部、原劳动部等政府部门，以及社会学与社会工作的专家、学者参与讨论，明确将社会工作专业作为民政工作的学科支撑。随后，民政部大力支持北京大学等高校恢复社会工作专业，并陆续出台社会工作者职业水平评价办法、民政事业单位社会工作专业技术岗位设置办法等系列政策文件，推动社会工作专业力量成为民政工作的专业技术人才。但受限于政府机构改革背景下机构编制和人员编制只减不增的红线，在体制内增设社会工作服务机构和社会工作专业技术岗位的尝试步履维艰。

2017年初，为着力破解基层服务能力不足这一长期制约民政事业高质量发展的痼疾，民政部将加强基层民政工作作为贯穿全年的重点任务，通过抓住和"解剖"乡镇这个"点"，查找乡镇民政工作存在的薄弱环节和突出问题，总结各地在实际工作中创造出的好经验好做法，探索可做到、可推广和可持续的长效机制。为深入贯彻落实民政部关于加强基层民政服务能力的工作部署，广东、湖南等地先后通过政府直聘社会工作者、政府购买社会工作服务等方式，开展乡镇（街道）社工站建设，配备一支专业社会工作人才队伍扎根基层一线提供服务，有力地充实了基层民政服务力量，提升了基层民政服务水平，使基层民政力量薄弱这一老大难问题得到了根本性缓解，为各地提供了示范和参考。

2020年10月，民政部在湖南长沙召开"加强乡镇（街道）社会工作人才队伍建设推进会"。会上，时任民政部党组书记、部长李纪恒高度肯定了广东、湖南等地通过建设乡镇（街道）社工站加强基层民政能力建设的做法，要求各地因地制宜、分类推进，全面开展乡镇（街道）社工站建设。2021年4月，民政部办公厅印发《关于加快乡镇（街道）社工站建设的通知》（民办函〔2021〕20号），进一步要求各地加紧制定政策，将乡镇（街道）社工站建设纳入民政重点工作；加强资金保障，统筹社会救助、养老服务、儿童福利、社区建设、社会事务等领域政府购买服务资金及彩票公益金中用于老年人、残疾人、儿童和社会公益等支出资金，优先用于购买乡镇（街道）社会工作服务；把握推进步骤，抓紧制定时间表和路线图，争取"十四五"期间实现乡镇（街道）社工站全覆盖。在民政部的统一部署下，各地社工站建设全面推进。截至2023年1月，全国已建成社工站2.9万个，7万名社会工作者驻站开展服务，总覆盖率达78%，其中8个省份已实现全覆盖，16个省份覆盖率超80%。

乡镇（街道）社工站迅速成为中央和地方各级各部门推进社会建设的重要抓手。党中央、国务院先后在基层治理、乡村振兴等多项国家发展规划中对社工站建设进行了部署，民政部将社工站建设纳入兜底民生和民政事业改革统筹安排，地方政府将社工站建设纳入党委政府民生实事重点工程。乡镇（街道）社工站建设的重要意义包括但不限于以下三个方面：首先，它为民政部门配备了一支与本部门专业对口、由本部门业务管理的基层社会工作专业技术人才队伍。这支队伍不论在数量上，还是在年龄、学历、综合能力、专业素养和工作热情上，都具备较大的优势，为基层民政服务奠定了坚实的组织和人才基础，为民政事业的转型升级和高质量发展提供了人才支撑。其次，它搭建了一个民生服务综合平台。乡镇（街道）社工站从乡镇（街道）层面对辖区内已有服务阵地进行整合和盘活，对村居的兼职民政工作人员、村医、村小教师等已有服务力量进行增能培力，并通过链接各级民政部门、其他各级政府部门资源以及社会慈善力量，因地制宜推动民生服务系统化、专业化发展。最后，乡镇（街道）社工站以服务特定困难人群为切入点，通过联动各方服务特定困难人群的这一过程，撬动社区内外各类资源，调动社区内外各方力量，激发基层社会治理活力，激活社区内生动力，逐渐形成一套社区自我服务机制，创新和完善了基层治理体系。

实践表明，乡镇（街道）社工站建设是一个从调研论证，到顶层设计、项目动员、政府采购、启动实施、项目监管、专业支持及经验成效总结，循环往复发展的过程。这一过程不仅需要省、市、县、乡四级民政部门上下联动、密切配合，也离不开各级财政、人社、组织、审计等相关部门的通力合作、无缝对接，离不开省级项目办、市级指导中心、县市区社工总站的鼎力协助、专业支持，尤其离不开项目承接机构和站点一线社工的积极投身、倾力建设。建设过程延续，建设主体多元，建设内容多样，加之这是一项创新性的工作，各建设主体的参与意识、能力和经验不一，建设成效参差不齐。从各地实际来看，乡镇（街道）社工站建设中普遍存在体制机制不完善、项目承接机构行政和服务管理经验缺乏、站点一线社工专业知识和技能不足等问题，严重制约着乡镇（街道）社工站作用的进一步发挥。

为此，中国社会出版社组织高校社会工作学者和资深社会工作实务工作者，编写了"乡镇（街道）社工站实务丛书"，以期为乡镇（街道）社工站各建设主体持续深入推进社工站建设提供实操指引。本丛书以先行先试地区的经验和案例为蓝本，从乡镇（街道）社工站建设的宏观、中观和微观层面展开详细论述。其中，宏观层面讨论了如何建立健全乡镇（街道）社工站的体制机制，中观层面讨论了如何开展乡镇（街道）社工站的人才培养、督导支持、项目设计、运营管理，微观层面讨论了乡镇（街道）社工站（点）如何提供社区、社会救助、儿童和老年人社会工作服务。

2023年3月，党和国家机构改革，组建中央社会工作部，负责统筹推进党建引领基层治理，指导社会工作人才队伍建设。2024年7月，党的二十届三中全会审议通过的《中共中央关于进一步全面深化改革 推进中国式现代化的决定》进一步作出部署，要"健全社会工作体制机制，加强党建引领基层治理，加强社会工作者队伍建设"。当前，乡镇（街道）社工站已然成为社会建设的重要抓手，丛书的出版既是对本土社会工作实务经验的阶段性总结，也为进一步做好乡镇（街道）社工站建设提供了指引。丛书在编写过程中得到了各分册撰写团队的大力支持，很多专家、学者及社会工作者对丛书的编写提出了宝贵建议，在此表示衷心感谢。乡镇（街道）社工站建设是一项正处于快速发展过程之中的开创性工作，限于编写人员的能力与水平，书中难免会有一些阐述不到位、不准确的地方，还请各位读者多多批评指正并提出宝贵建议。期待在大家的指导和帮助下，共同助力乡镇（街道）社工站更好更快地建设和发展。

目 录
CONTENTS

第1章

社工站项目设计初识

案例分享 ··

只见树木，不见森林

D 社会工作机构项目主管小王召集一线社会工作者开会，一起讨论如何设计一个名为"乐享耆年"的老年人服务项目。大家兴致勃勃地你一言我一语：

"我看要多设计几场大型生日会，老人家嘛，不都爱热闹嘛！"

"我觉得要多做个案探访，老人家有时候出行不便！"

"还是多做些手工游戏活动吧，还能学一些生活小技能！"

……

大伙儿讨论得热火朝天。

小王却摇头苦笑："项目设计不等于做活动，更不是设计指标。你们这是犯了'见木不见林'的错误！"

小伙伴们心里充满疑惑：我们平时都是开展活动，积极完成指标呀！这不是挺接地气吗？什么是"木"？什么又是"林"？"木"和"林"之间有什么关系呢？

小王问小 A："还记得你上次问我为啥要给老人们开展丝网花小组活动吗？你不是说这个活动好像没有用啊！"

"还有小 B，你记得上周为了适应我们的生日会活动场地和取得好的效果，只挑选腿脚灵便的老人吗？"

"结果呢？是不是这些活动效果不明显，活动气氛也不好？我们想一想这是为啥呢？因为大家缺少项目思维和逻辑。"

相信大多数社会工作者都有过上面这种经历。很多社会工作者在设计服务项目时，经常将项目理解为"开展活动""制定指标""落实任务"等。为何大家的见解各异，难以统一？很大程度上，是缺乏项目思维的体现。那么，什么是项目思维呢？本章我们先从一个简单的定义开始，谈一谈什么是社会工作服务项目，以及怎样才能形成项目思维，并了解项目设计的基本逻辑。

第一节 你了解社工站项目吗

一、什么是项目

在日常生活中，我们常常要去完成很多工作或任务。例如：

● 厕所漏水了，影响到楼下住户的生活，因此要请专业公司上门做修理。夫妻俩耐心地计划花多少时间、多少钱、请哪一家公司上门服务……

● 为了举办一场隆重的婚礼，以便让婚礼成为一段永恒的记忆，不惜重金专门聘请了婚庆公司制订周到的婚礼方案……

● 1989 年 10 月，共青团中央、中国青少年发展基金会创建了"希望工程"，通过援建希望小学与资助贫困学生，救助贫困地区失学少年儿童……

不胜枚举。

从广义上讲，日常生活中的很多事项，如举办婚礼、组织聚会、装修房子等，都是项目。在工作过程中，我们要完成的很多任务，如体育竞赛、慰问演出、农村支教等，也都是项目。项目的形式五花八门，类型各式各样。

通常，项目分为经济项目、公共项目和社会项目。经济项目通常以营利为目标，重视项目效益，追求运作效率；公共项目是公共部门（通常是各级政府及其所属部门）提供的物品或服务，满足普通公民的共同性需求，具有非竞争性及非排他性；社会项目的目标是增进社会福祉和维护社会公正，追求的是社会效益。本书所讨论的社会工作项目即属于社会项目。

那么，是否可以给"项目"下一个明确的定义呢？

从比较正式的角度讲，项目是在一定时间内为了达到特定目标而调集到一起的资源组合，是为了取得特定的成果而开展的一系列相关活动。它的完成需要有具体的主题、目标、计划、技能、投入和管理等，是一项系统的工作。

从通俗的角度说，所谓项目，是指为创造独特的产品、服务或成果而进行的临时性工作。

项目具有 3 个重要的特性：

● 一次性：项目是临时性的工作，不是一直持续的，它有明确的开始时间和结束时间。一旦项目结束（不论目标是否完成），项目就不复存在。

● 独特性：这意味着"没有完全一样的项目"，每个项目都不一样。

● 目标性：每个项目都有自己明确要实现的目标，也就是项目存在的理由。

因此，项目和日常行政工作不同。前者是临时性和一次性的活动，工作有开始也有结束；而日常行政工作是重复性和持续性的工作。比如社工站专业督导工作：如果督导定期对一线社工进行辅导，提高其服务能力，这是日常性的工作；如果机构制订一个年度督导计划，就可以把它看作是一个项目。

二、什么是社会工作服务项目

案例分享

H 社会工作服务中心是由社工自筹资金成立的民非企业。2020 年 3 月，H 社会工作服务中心与区民政局签约，建立社工站，正式入驻 W 街道办事处。社会工作者通过走访调研，了解居民需求，开展"一居一特色，一居一品牌"特色服务，为街道下辖 7 个社区量身打造包括特困居民服务、社区营造及互助网络服务等，共计 5 大类 7 项社会工作服务项目，具体包括："筑爱暖巢"空巢老人精神慰藉项目、"爱暖夕阳"老年人精神慰藉项目、"益耆乐"老年人互助关爱项目、"悦邻宜家"社区老年服务项目、"成长青轨线"儿童青少年成长服务项目、"慧娴雅聚"女性互助项目、"友邻互助"社会工作服务项目等。

从性质上讲，社会工作服务项目属于社会项目。跟其他项目一样，社会工作服务项目也是在一定的时间内、运用一定的资源，按照预定的服务目标、服务内容和服务要求实施的一项系统任务。

但是，社会工作服务项目又有自己的特殊之处。社会工作服务项目是由专业社会工作者来运作和实施的。在项目的设计中，须遵循社会工作的专业价值，运用社会工作的专业方法，满足特定服务对象的特殊需求。

第一，以公平正义为价值基础。

社会工作是一种以利他主义为基础的专业和职业，其核心价值是公平正义。公平是指按照一定的社会标准、正当的秩序合理地待人处事，是制度、系统、重要活动的道义遵循。公平包含公民参与经济、政治和社会其他生活的机会公平、过程公平和结果分配公平。正义包括社会正义、政治正义和法律正义等。社会工作的利他主义决定了社会工作服务项目必须把公平正义作为工作开展的前提。

第二，以满足特定人群（特别是社会困难群体）的基本需求为目标。

社会工作服务项目是否能落地，关键是对服务对象的需求有深入的了解和完整的把握。能否有效满足服务对象的需求，决定了项目是否能够完成预期的目标。

第三，注重服务的过程。

社会工作服务项目注重服务的过程，特别是强调在服务过程中调动服务对象的积极性，激发他们的潜能，通过增能实现助人自助的目的。虽然社会工作服务项目也重视服务的成效，但更加重视服务对象的参与，在参与的过程中实现增权赋能。

第四，追求服务的社会效益。

社会工作服务项目具有非营利的性质，其追求的是社会效益而非经济效益，这跟市场化项目有本质的区别，公司或企业等商业化组织运作的市场化项目追求的是经济利益。社会效益是指人们的社会实践活动对社会发展所起的积极作用或产生的有益效果，社会工作服务项目的最终目的是实现社会的进步和发展。

三、"乡镇（街道）社工站"是什么样的项目

2020 年 10 月，民政部召开加强乡镇（街道）社会工作人才队伍建设推进会，作出"十四五"期间实现乡镇（街道）社工站全覆盖的工作部署；2021 年 2 月，中共中央办公厅、国务院办公厅印发《关于加快推进乡村人才振兴的意见》对加强农村社会工作人才队伍建设，加快推动乡镇社工站建设作出了政策安排。目前，乡镇（街道）社工站建设在全国开展得如火如荼，已经成为专业社会工作参与基层治理、推进基层治理现代化的重要平台。乡镇（街道）社工站本质上是民政部门购买的社会工作服务项目，它的出现有力地提升了基层民政服务能力。目前，较有代表性的乡镇（街道）社工站项目有广东省的"双百工程"和湖南省的"禾计划"。下面我们对之进行简要介绍，以加深对乡镇（街道）社工站的了解。

（一）"双百工程"

"双百工程"的前身是"双百计划"。"双百计划"是广东省民政厅实施的一项推进粤东、粤西、粤北社会工作发展的专项计划。从 2017 年起，广东省民政厅实施了两批"双百计划"，分别建设 200 个、207 个共 407 个乡镇（街道）社工站，每个社工站配备 3~8 名社会工作者，由乡镇（街道）直接聘用、省统一督导。2020 年 11 月，"双百计划"升级为"广东兜底民生服务社会工作双百工程"，简称"双百工程"。

按"双百"管理办法，社工站实行双重管理，诸如站点活动场所、办公条件、与社会工作者签订劳动合同等行政事务归乡镇（街道）政府负责，社工站站长一般由乡镇（街道）领导兼任；而社工站的专业发展、人才队伍建设等则由"双百"项目办及地市协同督导中心统一运作，每个社工站配备专（兼）职督导，负责跟进日常工作并陪伴一线社会工作者成长。

在"双百"工程实施过程中，社会工作专业人才队伍由"双百"项目办、地区中心、社工站三级网络构成了总督导、督导和驻村社会工作者的专业团队。社会工作者根据社区问题规划专业服务目标，依据社区优势资

产形成工作策略方法，从而制定"53111"目标、计划、过程、结果的跟进、管理与评估体系，保证整个计划制订、执行、管理与监测的专业性，从而得到服务对象和社会的认可，彰显专业的合法性和主体性。①

第一，进行准确定位。推动社会政策实践，发挥社会工作在打通民政服务与社会治理"最后一米"中的作用。"双百"政策实践体现在三个层面：一是国家社会建设及社会工作领域的大政方针的贯彻执行；二是广东省民政厅有关"双百"政策法规的实施；三是"双百"专业协同督导管理办法的落实等。以上三个层面政策的层层落实，促使"双百"政社关系、专业人才、知识体系、专业实践落地生根、益惠社群。

第二，提倡深入村居。"双百"要求社会工作者一定要驻守村居社区，强调与民众"三同"，改变以往在办公室"坐班"或"下乡"完成任务指标的做法。"双百"坚信，只有扎根社区，才能做到精准化专业识别，从而提供精细化专业服务；只有扎根社区，才能密切联系群众，充分把握社情民意，采取专业的方法组织群众，推动共建共治共享的社会治理格局生成；只有扎根社区，才能通达政策服务"最后一米"，推动政策的落实和完善。

第三，开展专业培训。要求每一个社会工作者对自己和站点的行动研究进行案例书写和理论反思，并不断归纳、总结、提炼，以至将实践经验升华为理论。培训中产生了大批优秀案例，培育了百余名"能做、能写、能讲"的实务讲师，促使"三级网络"407个站点社会工作者形成"传帮带"的专业学习和实践的优良学风。

第四，推进继续教育。"双百"的专业培训课程和协同督导模式主要采用系统性实地参与式培训和"师徒式"相伴同行协同督导。3年来，"双百"逐步集体开发并完善了本土化专业社会工作课程体系，内容包括驻村居社会工作者如何与服务对象建立信任关系，如何做好社区评估行动研究，如何做好个案救助与社区共治专业服务等。凭借实地系统培训，解

---

① 张和清，廖其能，李炯标. 中国特色社会工作实践探索：以广东社工"双百"为例［J］. 社会建设，2021（2）.

决专业实践碎片化问题；凭借与社会工作者"过夜式"（每次 12 小时）相伴同行，达到协同督导与社会工作者"双重能力"提升；凭借驻守村居"三同"，实现社会工作者与服务对象互为主体的良性工作状态。

（二）"禾计划"

湖南省乡镇（街道）社工站项目是湖南省首次大规模在全省推广的政府采购项目。这一被称为"禾计划"的项目，其目标是针对基层民政力量不足的问题，通过建立覆盖全省各个乡镇（街道）的社工站，建设一支庞大的基层社会工作人才队伍，在提升基层民政经办服务能力的同时，优化民政领域的服务供给，以社工站的建设为锚点，培育基层社会的公益、慈善力量，其服务内容从基础的民政四大领域延伸至社会工作专业服务。

湖南省乡镇（街道）社工站项目从 2018 年下半年开始实施，截至 2022 年 10 月，湖南全省已有 1940 多个乡镇（街道）社工站落地建成。其经验总结为以下几点。

第一，从项目的制度规划与落实推进来看，乡镇（街道）社工站项目与一般的区县、街道、社区的购买服务不同，具有高规格、强动员的特点。项目由湖南省民政厅牵头，并联合湖南省财政、编办等多个部门联合开展，通过印发《关于推进政府购买服务加强基层民政经办服务能力的实施意见》（湘民发〔2018〕10 号）和《湖南省乡镇（街道）社会工作服务站项目实施方案（试行）》（湘民发〔2018〕16 号）等政策文件，为湖南省全面建立乡镇（街道）社工站创造了良好的政策环境。前期湖南省级多部门进行了充分的调研、汇报、协商，委托重点高校社会学、社会工作领域的专家进行项目设计，厘清了省、市、县民政部门职责，建立省级指导、市州统筹、县级为主、乡镇配合的四级管理机制，其中县区一级设立社工总站，各个乡镇（街道）社工站配备 1~3 名社会工作者助理。

第二，从资金保障与扶持政策来看，湖南省统筹各级部门，将购买经费列入财政预算，其经费来源主要由市县财政、民政部门从社会救助专项经费中列支 2%，以及在本级福彩公益金中设置专项资金。同时，湖南省省本级福彩公益金也结合当地实际给予适当补贴。据了解，湖南全省每年从社会救助专项经费中列支 2.1 亿元，安排福彩公益金 8000 多万元，财政

预算安排 2000 余万元，共计 3.1 亿多元，链接其他部门和社会资源 7600
多万元。同时，湖南省加大税费优惠力度，积极为社会组织减轻税负压
力，比如，2020 年 1—7 月，湖南省 111 家"禾计划"承接服务机构纳税
人全部享受了增值税优惠政策，其中享受免税优惠 105 户、享受简易计税
政策 6 户，享受优惠政策销售额达 1.57 亿元，税负较 2019 年下降超
过 50%。

第三，从完善体制与规范管理上来看，湖南省乡镇（街道）社工站项
目也从多个方面作了努力。在购买双方的权责方面，县级部门作为采购
方，在同级财政部门的指导下进行招投标、公开公示等工作，规范承接主
体的准入门槛，服务协议签订后，社会组织按合同约定完成服务事项，政
府主体进行全程督导与检查；在承接主体的服务内容方面，按规定服务内
容主要为民政领域的四大类服务；在督导评估方面，建立专家联系点制
度，将专业力量的指导与当地社会工作发展实际相结合，省、市、县民政
系统与承接机构定期对乡镇（街道）社会工作者开展线下与线上并行的专
业培训，提升社会工作者的专业水平。同时，湖南省民政厅开发专门的线
上项目管理系统，实时监督、了解乡镇（街道）社工站的日常工作，委托
第三方对承接方进行一年两次的实地评估，这也在一定程度上保障了项目
的完成质量。

总的来说，湖南的乡镇（街道）社工站项目已取得初步成效，已基本
实现其加强基层民政经办服务能力、打通民政工作"最后一公里"的初始
目标。根据项目设计层面所规划的"三年三步走"的发展路径：第一年，
推进社工站全覆盖，增强民政经办服务能力；第二年，搭建基层民政服务
平台，增强服务内容供给；第三年，搭建基层公共服务平台，以社工站为
基点，培育基层公益慈善类社会组织，将社会工作与民政服务有机结合。
在"1.0"版本——增强基层民政力量已在全省各县市区全面铺开的基础
上，2020 年湖南省绝大部分乡镇（街道）社工站都在积极向"2.0"版本
过渡，少数条件较好地区如省会长沙已经对"3.0"版本进行探索。这也
说明，湖南省乡镇（街道）社工站项目对于"三步走"的战略规划并非采
取僵化的"一刀切"的实施策略，而是给予了各地充分的灵活裁定空间，

发挥主观能动性，结合本地实际情况，切实推进项目开展。另外，中央层面也肯定了湖南省社工站的探索模式，2020 年 10 月 17 日，民政部在湖南省长沙市召开了加强乡镇（街道）社会工作人才队伍建设推进会，会上时任民政部党组书记、部长李纪恒高度肯定了各地探索加强乡镇（街道）社会工作人才队伍建设，强化基层民政工作人才支撑和专业支撑，破解长期制约民政事业发展的基层力量薄弱这一难题的做法。①

第二节　项目化思维和项目设计逻辑

从前面对"双百工程""禾计划"的介绍，我们可以发现，社会工作项目的运作是一个复杂的过程，必须具备整体性观念和系统性思维，才能够使项目得以顺利实施。在项目设计中，这种整体性观念和系统性思维，就是"项目化思维"，它是项目设计的前提和基础。

一、项目化思维

（一）为什么项目化思维很重要

做项目的同行大多有这样的体会：项目设计是一件很头痛的事情，通常要来来回回修改几十稿。在这种时候，即便一个富有经验的社会工作者也会产生自我怀疑：我是否有能力组织这么大的项目？人手不够怎么办？超出预算怎么办？突发情况怎样应对？利益相关方的复杂关系怎么处理？如何既能满足购买方的要求又能让服务对象满意？问题总是一大堆，怎样才能做到游刃有余、举重若轻呢？

甚至还有更糟糕的情况。例如，虽然刚入职的社会工作者往往会面临一些棘手而又紧迫的工作挑战，但机构管理者却不在意你茫然或者犹豫的眼神，一句"办法你去想，但要在某某时候把这件事办好！"的命令马上

---

① 张一凡. 嵌入性合作：基层社会治理情境下的政社关系研究：以湖南 L 社工服务机构为例［D］. 长沙：湖南师范大学，2021.

令你倍感压力山大。那么，你应如何高效地应对类似这样的挑战并顺利完成呢？

这时候，拥有"项目化思维"将有助于陷入自我怀疑的资深社工或者刚入职的"社工小白"，尽快进入高效的工作状态。

案例分享

阳春三月，A社工机构计划组织社区老年人去春游。这样的活动最让人头疼的就是：在规定的集合时间总会有人迟到，特别是在需要搭乘公共交通工具或者有严格时间规定的活动时，更让人感到棘手。富有带队经验的社会工作者小张意识到，如果一个景点的时间被推迟了，那么后面的景点游览将会出现"多米诺骨牌效应"，影响到整个活动行程。为了保证活动不被耽误，他在制订项目计划时，每次都把集合的时间提前20分钟。在这20分钟里，他向大家总体介绍此行各风景名胜的信息。即便有些老年人来晚了，影响也不是很大。结果每次他的团队都是准时出发，从来没有人掉队。

我们身边还有很多类似的案例。实际上大家稍微观察一下就会发现：在我们的日常生活中，无论是政府官员，还是机构的管理人员，以及普通社会工作者，我们总能发现有一些做事踏实、周密、有计划、有步骤的人。从项目设计的眼光来看，他们就是那些具有良好项目化思维的人。拥有项目化思维的人，在项目执行过程中往往能举重若轻、事半功倍；反之，缺乏项目化思维，往往顾此失彼、寸步难行。那么，什么是项目化思维，怎样才能拥有项目化思维呢？

（二）什么是项目化思维

实际上，项目化思维不是从天上掉下来的知识，而是人们根据生活经验总结开发出来的成果。换句话说，项目化思维就是人们在长期的生活、工作中认识到的如何提高工作效率、工作质量、工作兴趣的经验，并将其系统化和抽象化，成为工作中的一种思维习惯。所以，项目化思维不是全新的理论，而是本身就存在于我们的生活中，只要我们用心体会，每天都可以逐步建立起自己的项目化思维。

项目化思维就是研究如何选择正确的项目，如何采取正确的方法完成项目的一套思维方式。简单地说，就是如何用正确的方法做正确的事。选择正确的项目，这是做事的前提。因为选择决定了方向，如果方向选择错了，之后所有的工作都是白费。

案例分享

可乐生命的诞生①

西蒙·贝瑞在非洲大陆赞比亚一个偏远地区开展国际援助工作，他发现当地的家庭很贫困，许多儿童因病死亡，而他们感染的是完全可以预防的疾病，比如腹泻引起的脱水。

对此有人建议，当地最紧迫的是增设医疗设施、儿科医护人员以及需要治疗腹泻的药品。也有人建议，要改善水源、食物以及卫生状况，并增加拨款，以支付昂贵的运输费用。这些建议的确能够对症下药，但所涉及范围甚广，非贝瑞力所能及。

正当人们一筹莫展之时，贝瑞偶然发现，在这个经济极不发达的国家的田间地头，却总能有办法买到可口可乐。他灵机一动：可口可乐能运到这里，为什么药品不能？这个不可思议的发现启发了他与可口可乐公司合作的念头。后来，他成立了一家独立的非营利机构——"可乐生命"，通过在可口可乐装箱里的空隙放进儿童药包——"援助匣"（AidPod），包括防脱水的口服液、补锌营养片、水质净化片等，挽救了当地儿童的生命。

这一案例启示我们，采取正确的方式做项目，就是利用一系列项目管理的知识、技巧和能力，管理利益相关者的需求，平衡项目所有制约因素，有策略、有方法地执行项目，达到目标。一句话，项目化思维是一种

① 项目臭皮匠. 项目百子柜：一本社工写给同行者的工具书［M］. 北京：中国社会出版社，2016：22-23.

整体性和系统性的思维方式，它告诉我们如何用正确的方法做正确的事。

除此之外，我们还要认识到，做项目不是一个技术化过程，而是一个业务过程，这是一个很重要的项目化思维。项目主管一定是一个业务层面的管理者。项目的业务思维方式，能帮你快速理解购买方和服务对象的特点，明白他们的真正需求，在此基础上，你再给出专业的反馈，并提供解决方案。

（三）项目化思维体现在哪些方面

制定项目时，项目化思维体现在哪些方面呢？我们可以归纳出以下几个关键方面。

1. 项目开始实施之前先弄清楚要做什么，确定好需求

很多人在做事前，还没有弄清楚自己到底需要做什么、做到什么程度，就开始盲目去做。如果连做事的方向都错了，又怎么能够期待有好的结果呢？比如，机构要你做一份邀请函，你以为是一张简单的邀请海报，而对方要的却是制作出来的纸质邀请函。

方向比努力更重要，方向错了还不如不做。弄清楚做什么，比怎么做更重要；做正确的事，比把事做正确更重要。这就是我们常说的"磨刀不误砍柴工"。

2. 行动前先想好怎么做，凡事有计划

明确了做什么，行动前还要知道怎么做，也就是做事情要有计划。工作中养成凡事事先计划的习惯很重要，否则走一步看一步，行动就会陷入无序的状态。就像一个低着头拉车的人，当他走了一半路时才发现自己走错路了，这时他再重新调整方向，最终白白浪费了时间、精力和资源。所以，要做好一项工作，必须先有一个"应该怎么做"的蓝图，这样才能做到心中有数。这就是人们说的"预则立，不预则废"。

3. 分解任务，将大事分解成小事去做

如果一项工作太复杂，不容易去做，就把它分解成更容易管理的多个小任务去处理。这就是做任务分解，化大为小，化难为易，将其排入工作计划中，再一点点有序去做，最后就能完成一件复杂的大事。这就好比将一个大"苹果"切成一小块一小块来吃。

4. 事情有人做，责任有人担

在做项目时很关键的一点，就是要确保权责分明。每项工作不仅要有具体的人去执行，还要有明确的人来负责，尤其是在多个人一起去完成某项工作的情况下，必须指定一个负责人对该工作负责。如果一项工作让每个人都参与，却没有明确的负责人，那么人人负责就意味着没有人负责。

5. 渐进明细，逐步推进

我们刚开始做某项任务时，由于信息、资源等各方面不能一次到位，对项目的了解也比较局限，无法非常清晰地作出判断。只有当我们逐步深入项目中，随着人、财、物、信息的不断涌入，我们对项目的认识才会越来越清晰。因此，我们在实施项目时要按部就班，按计划逐步推进，渐进明细，不要指望一口吃成个胖子。

6. 过程管理不可缺

项目管理就是基于合理的计划，通过有效的过程管理来实现项目目标。如果没有过程管理，即使计划再科学、再严谨、再完善，我们也无法期待结果的自动形成。因为计划永远没有变化快，有计划就一定会有变化。过程管理很重要的一点就是保证对变化的掌控和管理，从而保证项目的执行在计划的轨道上顺利推进，直至完成。

7. 有验收，有总结

在项目完成后需要有验收和总结。验收就是通过检查结果来保证所完成的任务符合既定的标准。总结能够帮助我们积累经验教训，并在未来的工作中不断地持续改进。

总之，项目化思维不单在工作上很有用，在生活方面也可以给我们很多的启发。我们的每年、每月甚至每天都在完成人生的一个小阶段，把握每个阶段，取得成果，让自己的人生达到你所期望的目标，从这个角度看，我们的人生何尝不是一个大项目。因此，我们每个人的生活或工作其实都是在做项目管理，项目化思维能不重要吗?! 相对于技能而言，唯有思维上的改变才能对我们的工作和生活产生更加有益和深远的影响。

(四) 如何将项目化思维运用到具体工作中

以上 7 方面就是项目管理所秉承的最基本的项目化思维。细细看来，其实也是做好任何一项工作必不可少的思维方法和行动指南。若能将这些项目化思维运用到日常工作中，不但能提高工作能力、办事效率，还能减少很多烦恼。

因此，在接到某项工作或任务的时候，可以将其看作一个项目，将以上 7 方面作为指导原则或检查清单，在开始任务前让自己具备这些思维方式，在做任务的过程中时时检查自己哪些做到了哪些没做到，这样就能明确如何改进。

在具体工作中，我们可以遵循以下 7 条项目化思维：

- 做事前先弄清楚做什么——做什么比怎么做更重要
- 行动前先想好怎么做——预则立，不预则废
- 将大事分解成小事去做——化大为小，化难为易
- 事情有人做，责任有人负——权责分明
- 渐进明细，逐步推进——不要指望一口吃成个胖子
- 过程管理不可缺——掌控过程，管理变化
- 有验收，有总结——检查结果，持续改进

二、项目设计逻辑

在承接了一个新项目之后，我们可能常常会陷入苦恼：利益相关方的需求复杂且多元，而机构的人力、物力和财力非常有限，应该从何处入手来设计项目，如何才能设计出一个切实可行的服务方案呢？

(一) 项目设计的一般逻辑

事实上，项目设计从项目背景、问题分析到项目目标、服务内容、服务效果的论述必须有严密的逻辑性。一个没有逻辑性或逻辑性不强的项目设计必然也是一个无法取得成效的项目。

项目设计的逻辑也就是项目的基本思路。我们先举一个例子：

假如你是某社工站的一名社会工作者，端午节快到了，计划组织 B 村留守儿童包粽子，以便让孩子们过一个开心的端午佳节。这个项目应该如何设计呢？首先，你不会着急去购买材料，而是应该先确定一些关键问题：粽子给谁吃？只针对孩子，还是包括他们的家人？总共多少人吃？他们喜欢吃什么口味的粽子？待确定这些问题后，你可能会上网找食谱，或者向其他社会工作者请教，以了解制作过程。在确定这些过程后，你就会计划购买哪些材料，准备什么设备（投入）。

待确定这些细节后，你就会着手准备，到超市购买材料（投入），按照食谱制作粽子（活动）。如果煮出来的是一个个美味的粽子（产出），小朋友们会吃得很开心，你会很有成就感（成效）；你可能意识到这是一个成功的经验，决定在其他社区推广（良好社会效益）。反之，如果做出来的粽子不受欢迎，那将会有什么样的后果？孩子们将会没粽子吃，你会感到挫折和沮丧（没有社会效益）。

这是一个包粽子的活动，从构思到实施，带出了项目设计逻辑模式的 5 个环节：投入、活动、产出、成效及影响。

投入	活动	产出	成效	影响
糯米、粽叶、各种配料、炊具、人力、时间、场地等	泡发糯米、搅拌配料、清洗粽叶、包粽子、蒸煮粽子等	1. 美味的粽子 2. 没人吃的粽子	1. 吃得开心，有成就感 2. 埋怨，挫败感	1. 在其他村居推广 2. 放弃此类活动

逻辑模式是用以指导活动及其成效的逻辑关系，从而确保活动在合理的条件下能够达到预计的成效。一个应用逻辑模式的项目设计，不仅仅是以产出及投入来呈现绩效，即在预算（投入）内完成指标（产出），更要说明是否提供了有效的服务过程（活动），是否解决了服务对象面临的问题（成效），是否出现长远的改变（影响）。[①] 见表 1–1。

---

① 项目臭皮匠. 项目百子柜：一本社工写给同行者的工具书［M］. 北京：中国社会出版社，2016：27.

表 1-1　项目设计逻辑模式的 5 个环节

投入	活动	产出	成效	影响
所投入的资源,包括人力、物力、财力等	利用投入来达到目标的各项工作及服务	所提供的服务以及所完成服务的测量	服务对象接受服务后所呈现的益处和改变	在组织、社区或体制中,因服务提供而发生的改变及深远影响

（二）"成效导向"的逻辑模式

在设计项目时,还有一种重要的思路,就是把前面这种思路"倒过来",以"成效"为导向来设计项目。其基本思路是:

- 项目要回应或解决什么问题?
- 项目会带来什么样的社会影响?
- 要达到这些影响,项目应该达到什么成效?
- 要达到这些成效,项目要达成什么产出?
- 要达到这些产出,需要完成什么活动?
- 要完成这些活动,需要进行什么投入?

当项目方案确定并进入实施阶段之后,其步骤则要反过来,从投入开始,一直到成效、影响。如图 1-1 所示:

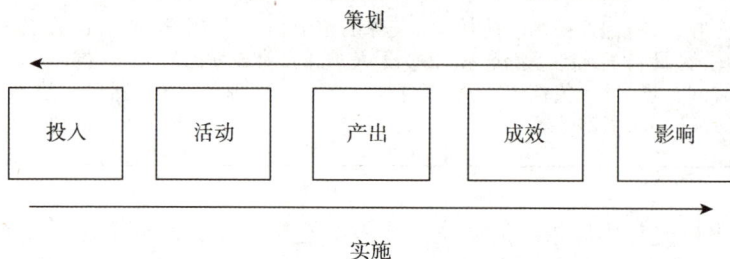

策划

| 投入 | 活动 | 产出 | 成效 | 影响 |

实施

图 1-1　项目设计"成效导向"的逻辑模式

"成效导向"逻辑模式的设计步骤是:

1. 项目要解决什么问题

在项目方案设计前,服务策划者首先需要对所要解决的问题进行周密的分析,包括处境分析以及确定优先处理的问题。

（1）处境分析。处境是指活动和服务推行时的状况与背景。处境分析即社会工作介入时对社区问题和服务对象需求的分析，这是项目方案设计的依据和基础。[①] 要正确把握问题和需求，我们可以从以下 5 个提问入手：

- 是些什么问题？（What）
- 这些问题在哪里存在？（Where）
- 哪些人会受到这些问题的影响？（Who）
- 这些问题何时发生？（When）
- 这些问题的影响程度如何？（How）

（2）确定优先处理的问题。由于政府和社会工作机构的资源和时间有限，在面对众多社区问题和需要的时候，我们必须对问题进行梳理，并确定问题处理的先后次序。

2. 项目要取得什么成效

在进行了处境分析和确定解决问题的优先次序后，我们已经明确了项目要满足服务对象哪些需要以及要着手解决哪些问题。接下来，我们就要继续确定项目所要达到的成效。

在这里要注意区分产出和成效，很多社会工作者容易将成效和产出混为一谈。所谓产出是指为达到项目成效，向服务对象提供的活动或服务。而成效则是指活动和服务为个人、家庭和社区带来的益处和效果。产出回答"我们做了什么"的问题，而"成效"则是回答"我们做得怎么样"的问题。

成效分为短期、中期和长期三种类型。短期成效是指参加者能掌握相关的知识、态度和技巧，增加改变的动机和愿望；中期成效是指参加者能就有关项目作出具体行动和行为的转变；长期成效则是指参加者持续实践所带来的整体转变和深远影响。

3. 项目要提供什么样的产出

项目的成效要通过"产出"来体现。就好比一家生产汽车的企业宣称自

---

① "大爱之行"全国项目办公室. 社会工作项目管理手册［M］. 北京：中国社会出版社，2016：36.

已为"六个老有"① 作出了贡献，是因为它开发出一款价格低廉且安全实用的老年代步车一样。社会工作服务项目的成效也要通过"产出"来体现。我们通常以数据的形式将服务效果呈现出来，就是所谓项目的"产出"。

例如前面的 B 村留守儿童服务项目，其成效是孩子们生活在一个健康安全的环境中，享有充实快乐的童年。这种成效体现在为孩子们链接了规模多大的社会资源、发放了价值多少的学习用品和生活物资，体现在为孩子们提供了多少人次的个案辅导、小组工作以及社区活动，也体现在组织多少孩子参加了活动，为多少家庭建立了健康的亲子关系，等等。

4. 项目要开展什么样的活动

在项目设计中，"成效"和"产出"可以视为项目目标的一部分。那么，怎样去实现这一目标呢？这通常要通过具体的行动或活动来完成。也就意味着，项目制定了什么样的服务目标，就应该提供相对应的行动或活动，二者之间应该一一匹配，建立对应关系。

例如，在某乡镇社工站项目中，我们将服务目标定为"建立农村留守儿童关爱体系"，其"产出"设定为 4 个个案、4 个小组、6 场社区活动。每个乡镇或社区的情况都不一样，孩子们的情况也是千差万别，我们就要基于服务对象的需求和特点，开展针对性的服务。

假如某个社区由于靠近河流或湖泊，存在很大的安全隐患，我们可以重点开展防溺水社区宣传教育活动；有些社区隔代教育问题突出，我们可以重点开展亲子关系小组；针对有抑郁问题的青少年，我们可以开展以心理辅导为主的个案工作。

在这里，所谓"活动"或"行动"，实际上就是社会工作者围绕项目指标而提供的一些专业服务。

5. 项目要进行什么样的投入

"兵马未动，粮草先行"。没有前期的投入，项目设计得再漂亮，也只会是镜中花、水中月，没有实际意义，就像一辆整装待发却没有加油的汽

---

① "六个老有"是指老有所养、老有所医、老有所为、老有所学、老有所教、老有所乐。

车。因此，要让一个社会工作项目运作起来，首先要解决的问题就是"投入"。所谓"投入"，就是指项目运行所需的资源，它是项目运作的保障。在社会工作领域，资源包括服务对象、工作人员、各种物质材料、设施和器材设备。值得注意的是，"投入"并不是简单地列出项目所需的资源，而是需要以成效导向来思考：要达到项目的效果，需要何种投入？[①]

下面我们以"抗逆小童星：提升流动儿童抗逆力社会工作服务项目"[②]为例，抽取项目的部分关键内容，示范"成效导向"逻辑模式在项目设计中的应用。

案例分享

抗逆小童星：提升流动儿童抗逆力社会工作服务项目	
问题	中国长期的城乡二元体制，导致流动儿童的成长环境不同程度地遭到破坏，他们在个性发展、学业成长、人际交往等方面要落后于城市儿童。当他们面对诸如环境变化、疏于照顾、融入困难、交往障碍等问题时，若不加以引导，容易出现逃避、退缩、抑郁等不良的行为方式
影响	协助流动儿童提升了抗逆力，建立了流动儿童抗逆力持续提升的环境系统基础，包括：提升外来工子弟学校的抗逆文化；增进社区管理，促进流动儿童和城市社区的融合；推动流动儿童家庭抗逆力文化建立；激发流动儿童的潜力和优势，有效提升他们的抗逆力
成效	服务对象参与度 100%，整体投入度达 96%；76% 的儿童习得了相应的沟通技巧，79.6% 的儿童对情绪了解得更加清楚，79.9% 的儿童知道处理生气的方法，74.2% 的儿童能够认识自己的优点，75.8% 的儿童能更加积极地看待自己；对活动的满意度达到 78.4%
产出	开展 10 个小组，共 80 次小组活动；2 次大型社区活动；4 次大型宣传活动及后期持续的回访跟进服务；28 次小组督导以及多次现场督导，督导记录 28 份；小组过程评估问卷 784 份，整体评估问卷 666 份

---

① 项目臭皮匠. 项目百子柜：一本社工写给同行者的工具书［M］. 北京：中国社会出版社，2016：28.

② 王思斌. 社会工作硕士专业学位（MSW）教学案例集［M］. 北京：北京大学出版社，2016：57–109.

抗逆小童星：提升流动儿童抗逆力社会工作服务项目	
活动	项目前期：流动儿童需要评估和社区资源分析；项目中期：小组工作介入、社区工作介入、个案工作介入，提供专业督导；项目后期：服务评估，开展前后测，对项目进行总结和反思
资源	依托南京大学社会工作硕士（MSW）教育中心开展提升儿童抗逆力的项目；通过对南京市建邺区民政局社会工作项目的竞争性投标，获得政策和资金支持；与外来工子弟学校合作，将校内流动儿童作为服务对象；获得江苏省妇联、南京市公益创投基金的支持；南京大学社会工作方向博士生和硕士生、MSW学生、流动儿童学校老师和社区工作人员经过培训和督导，成为重要的服务力量

第三节　项目设计的基本流程

项目设计是包含项目问题分析、需求界定、目标设置、策略选取、活动安排等多个环节在内的整体策划，后续所有相关事项都是依照项目设计来开展和执行的。项目设计的基本流程就好比是串联起多个环节的一根绳索，遵循一定的方向、方法和原则，起到提纲挈领的作用。我们在做项目设计的时候，只要把握好项目设计的基本流程，就能做到"心中有数""多而不乱"了。

就社会工作项目设计而言，其基本流程如下：

问题识别→需求分析→目标设置→方案选取→活动安排→评估考虑

一、问题识别

项目所需回应的问题，就是我们要努力的方向。社会工作项目就是为了改善和解决"明确的问题"。

在开始准备项目之前，项目团队要花充裕的时间思考项目的服务对象面临的问题是什么、经历着什么挑战、实际困难是什么，然后通过问题识别的方法，透过我们所看到的表象和外显的态势，找到这些问题的根源。

社会工作机构切忌在没有清楚分析真实问题的情况下，就开始盲目地开展项目。在问题识别阶段，也需要适时、适度邀请服务对象、利益相关方等群体加入工作中。[①]

为了弄清楚"明确的问题"，有两种视角供我们来"挖掘"问题，进而厘清问题。一是横向视角的列表方法。我们需要制定一个"问题认识工作表"，按照"4W+1H"的方法在工作表中列明：关注的问题是什么；问题是在哪儿发生的；问题是何时发生的；是谁受到了问题的影响；人们对问题的感受程度是怎样的。二是纵向视角的挖掘方法。我们可以使用"问题树"的方法，从当前问题出发，不断追问形成问题的原因，进而不断探究问题可能产生的后果，以此来"溯因循果"。

案例分享

服务对象萱萱（化名），女，15 岁，居住在长沙市金盆岭街道某社区一套 40 平方米的老房子里。3 年前，萱萱的妈妈患病去世。母亲的离开让她备受打击。在学校，她害怕同学们异样的眼光，原本学习成绩优秀的她不再突出，成绩一落千丈；她的钢琴艺术梦想也随之破灭。至今辍学在家，沦为失学的困境儿童……

社工经过走访和调查，对萱萱遭遇的问题进行了分析和界定：

1. 心理方面：服务对象因缺乏监护人的关爱，变得内向、自卑；因缺乏适当的引导，产生了依赖的心理。

2. 生活方面：服务对象年纪较小，动手能力差，不懂得如何打理生活，家里卫生条件差；每天只会点外卖吃，对生活要求很低，一日三餐吃饱就行，完全没有营养均衡的概念。

3. 经济方面：由于家人能给的生活费有限，难以满足她的日常生活需求。[②]

---

① 秦莹，韩勇强. 社会工作项目管理（实务篇）［M］. 昆明：云南大学出版社，2022：19.

② 本案例选自"用爱帮扶，15 岁困境女孩不再孤单——困境儿童救助服务经历"，见长沙市民政局主编：《2021 年长沙市乡镇（街道）社会工作服务站优秀案例集》，第 7~8 页。

二、需求分析

进入社区后，我们在确认问题、掌握问题时，必须要进行需求评估工作。这里也涉及两个"挖掘"：一是通过人群范围的不断缩小，来挖掘并界定最终服务的人群；二是从不同的视角和导向，来挖掘服务人群的需要，并结合之前的问题分析来进行需求评估，做到首尾相顾。

首先，须界定需要群体。即评估有需要的人群范围与程度，界定处于危机的人口、目标对象人口以及求助者或受影响的人口。如图 1-2 所示，最外围的是全部人口，是指服务范围里与初步问题相关的所有人。如困境老人中，就包括了独居、高龄、孤寡和空巢老人。第二圈是处于危机的人口，即在整个人群中那些比较容易出现问题的群体。如困境老人中，就包括处于健康困扰、贫穷、暴力环境、支持网络薄弱等状况的那部分长者。这些群体一旦遇到什么意外，会比一般老人更容易陷入危机。然而，处于危机的人口未必正在面临困境。因而，我们需要进一步界定需要接受服务的群体。第三圈是需要服务的群体，是指处于危机的群体中，已经受到困扰且有紧迫解困需要的群体。我们可以通过思考两个问题来进一步识别出最终服务的目标群体。一是看"需要有多紧迫"，来判断其面临的问题是否紧张，即如果不介入的话，可能会产生什么后果。以此逐步排除紧急性较低的群体。二是了解其是否已从其他途径获得相关服务，是否已有其他服务者在提供类似的服务，以避免资源浪费。最内圈是最终服务的"目标群体"，是指在需要服务的群体中，最终能获得服务的群体。由于社会服务机构的人力、物力、财力等资源的限制，服务工作一般只能真正帮助那些最内圈的"能接受服务的群体"。

其次，在确定未来服务的"目标群体"之后，应针对有"需要"的群体来收集资料，对其进行需求评估。关于需求评估有许多理论基础，我们应当根据服务群体的特征，从特定的理论视角来收集资料进行需求调研，以挖掘其不同方面的需要。以布莱德肖的需求划分为例，其认为需求可分为规范性需求、感觉性需求、表达性需求和比较性需求。这 4 个需求当中，规范性需求和比较性需求可以通过规范性文件、媒体或文献等现有

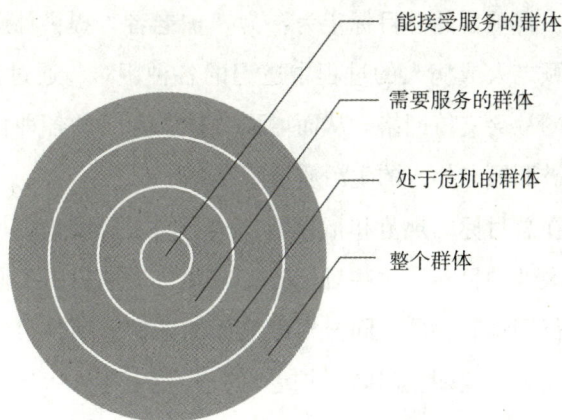

图1-2　"需要群体"圈层示意图

（标注从上到下）能接受服务的群体；需要服务的群体；处于危机的群体；整个群体

资料获取，感觉性需求和表达性需求则需要通过社区问卷、访谈、入户探访和观察等实地调研来挖掘。

案例分享

通过对前面案例中关于萱萱面临问题的分析，社会工作者将她的需求归纳为：

1. 积极心理健康建设，改变不良行为习惯。

2. 提升生活技能，解决生活困难。

3. 回归学校，继续学业。

4. 实现音乐学习的梦想。

三、目标设置

在了解问题和需求之后，下一步就是要将问题成因转化为能够——对应的成效目标，即从"问题分析"到"目标设置"。

目标制定的内容，通常包括总目标、分目标和指标3个方面。

总目标是对整个社会工作项目而言的，属于方向性、全局性的说明。例如，一项名为"'护老者'社会支持网络建设和社会工作介入"的社会工作服务项目，将项目的总目标定为：为"护老者"提供社会支持，协助他们克服在照顾老人或病人的过程中遭遇的各种困难，通过为"护老者"建立比较广泛的社会支持网络，从而增强"护老者"的各种自我能力和生活信心，提升被照顾老年人的生活质量。①

分目标是在总目标的规范和指导下，从不同层面设置更加具体的、具有优先性和层次性的目标。这些目标分布在项目周期内的不同阶段，能够用具体指标进行测量和评估。同样根据前面的案例，项目组将服务的目标定为：通过专业人员定期上门向"护老者"传授老年人卧床护理技巧，提高"护老者"的护理技能；通过个案工作者和心理咨询师定期的个别辅导及个案介入，缓解"护老者"的心理压力与精神紧张状态；联络社区志愿者、社区相关机构（如社区卫生中心、社会福利院、专业社会组织等）的工作人员以及亲属、邻里等定期为服务对象提供各类服务，为"护老者"建立长期有效的社会支持网络。

指标是指通过数据化的指数、规格和标准来衡量项目目标，它是评估目标实现程度的重要依据。例如，在某罪错未成年人专业化与社会化帮教试点项目中，其分目标之一为：提高未成年人与家庭的法律意识，普及法律知识。那么，针对这一目标的指标可以设置为：百分之多少的涉罪未成年人获得法律知识的培训或学习？百分之多少的涉罪未成年人家庭获得法律知识的培训或学习？经过项目干预，百分之多少的涉罪未成年人及家庭成员的法律意识得到了提升？提升比例分别是多少？

四、方案选取

在分析问题、了解需求、设置目标之后，就要选择能够达到目标、对症下药的各种目标策略。这时同样要注意使用"挖掘"和"相互关联"的方法。一是要挖掘资源、发现利益相关方；二是根据发现的相关方所掌握的各种资源，对实现目标的策略方案进行联系和对比，以便筛选适当的策略。

---

① 王思斌. 社会工作硕士专业学位（MSW）教学案例集［M］. 北京：北京大学出版社，2016：9.

（一）挖掘资源，发现利益相关方

当问题出现时，如果能把焦点放到优势视角上，从服务对象身上挖掘出资源、闪光点等，会有助于发现更多用以解决问题的可能性。我们需要对资源进行筛选，看其是否适用于项目，而且更重要的是挖掘、激发他们对所拥有资源的认识，使其积极参与项目中。

很多时候，我们会着眼于"看得见"的资源，例如社区组织、社会团体及物质资产，想办法使其成为我们的合作伙伴。但其实，这些社区组织的"前身"，很多时候都是来自各种个人资源的链接。因此，首先，我们要学会"追根溯源""相互联系"，需要从个人层面的资源发展到组织层面的资源。个人资源发端于个人优势和才华，将这些个人优势或才华连接起来，推动人与人之间"施与受"的过程，让施者在"施"的过程中发现自己的价值，让受者在"受"的过程中懂得欣赏和信赖对方，那么人与人之间的关系将会变得更加密切、信任，进一步形成社区组织，通过人际交换，让社区的价值得以"增值"。其次，我们应该向谁挖掘资源？谁的资源适用于我们的项目？最基本原则是：与项目回应的问题直接关联或者间接关联的人。以困境老人为例，受到直接或者间接影响的人包括项目的服务对象（空巢、独居老人）、民政人员、社区人员、社区医生、邻居及服务对象团队成员等。

这些与项目有关联的人、群体或组织，就是项目的利益相关方。其大致可分类两类：一是主要相关方，是指对项目起主要影响作用的群体，或者项目主要影响到的群体。这里的影响可能是正面的、积极的影响，也可能是负面的、消极的影响。项目的主要相关方通常就是项目的服务对象，是我们需要重点关注的群体。二是次要相关方，即对项目持有利益、感兴趣的群体，可以是机构高层管理者、出资方，也可以是对项目感兴趣、对项目有影响的组织团体，例如村委会、邻居、社区医院、志愿者团体、媒体等。

（二）筛选策略方案

在掌握的资源和相关方的基础上，我们需要制订各种可以实现目标的策略方案。这个过程中主要是讨论多种可行的方法，清晰描述各种限制，甄别哪些服务是可行的、有效率的，能有效满足服务对象需求。要尽可能地列出多种可能提供的服务方案。

我们可用 6 个筛选标准对这些策略方案进行选取：一是效率，指这个策略方案的资源投入和服务产出比值；二是效果，指这些策略实现目标的程度；三是可行性，指实施这个策略方案达到成功的程度，包括方案是否可行、机构是否可以完成这个方案、机构过去完成的服务记录、计划是否适当等；四是重要性，指这个策略方案是否唯一能达到目标即必须推行的程度；五是公平，指这个策略方案公平地提供给有需要的个人或团体的程度；六是附加结果，关注的是其所产生的意外效果（目标之外的），包括对社会所产生的正面和负面效果。

五、活动安排

经过问题识别、需求分析、目标设置、方案选取几个环节，接下来就需要根据所选策略，安排活动和执行计划。

首先，要立足已经掌握的现实资源和有利条件，运用"头脑风暴法"，安排可以执行的活动。

其次，根据项目目标，比对活动与活动之间的逻辑联系，来设置不同活动的具体指标。

六、评估考虑

实际上，做整个项目设计的过程，就是一个不断回顾和展望的过程。因而，项目设计的最后，应当考虑有效的评估方法，用来检验各项环节是否按计划推行和完成，更重要的是要检验整个项目设计是否有效实现了目标、达到目标的程度如何等，这样才能真正遵循项目设计中"环环相扣、首尾相顾"的原则。

第 2 章

如何进行需求评估

案例分享

开不下去的夏令营

小李大学一毕业就应聘进入某乡镇社工站从事一线社工工作。初入职场，小李满腔热情，工作积极性高，很想将自己在学校所学的社会工作专业知识运用到实际工作中，做出点引人瞩目的成绩。

在工作一段时间后，小李发现社区里很少组织儿童活动，"儿童之家"形同虚设，孩子们大多待在家里看电视、玩手机。暑期临近，小李非常想为孩子们开展一些服务活动，同时也展示下自己的专业能力。时间紧迫，说干就干，基于自身在书本和过往实践中对儿童的一些认识与了解，小李甚是兴奋地用两天时间设计出一个为期一周的夏令营活动。在社区的支持下，招募了十余名儿童。本以为儿童服务很容易搞定，活动也肯定会受到乡镇领导和服务对象的好评，然而现实往往令人大跌眼镜。前面两次活动孩子们勉勉强强还来参与。从第三次活动开始，孩子们陆续都不愿意来了，活动人数越来越少。

小李很是不解，自己挖空心思设计的活动内容，精心准备的课件，怎么就吸引不了孩子们的兴趣，最后还落得个仓促收尾的结局。

对于这样的情况，作为社工的你是否也有过类似经历？当你满腔热情给服务对象提供服务时，人家可能并不领情，甚至还颇有怨言，究竟问题出在哪里呢？

没错，问题可能就在于我们没有发现服务对象真正的需求。上述案例中，如果小李在夏令营活动设计之初，先深入社区与孩子们进行沟通，了解孩子们的实际需求，弄清楚孩子们最重要且最迫切的需求是什么，然后再进行活动内容和活动形式的设计，相信夏令营会是另一番热闹的景象。

提起需求，作为社会工作者的你会马上想到什么？是填写项目书时的头疼，面对评委"咄咄逼人"的提问时的窘况，还是面对上百份问卷要统计分析时的疲惫？下面，我们一起来了解需求到底是什么，它会影响实际工作中的哪些环节？

第一节　需求到底是什么

一、需求的定义

众所周知，人类是在一定的环境中生活繁衍的，其行为除了受生理和心理因素影响，还受到周围环境特别是社会环境的影响。在社会工作领域，不管是评估服务对象所面临的困难和问题，还是帮助其摆脱困境、恢复功能，都离不开对服务对象本身的系统了解和对其生存环境的深入分析，也就是我们常说的对其需求的把握。

那么，需求到底是什么？是居民的期望，还是社会工作者的兴趣，抑或是大家通常理解的需要呢？

在社会工作实务中，我们一直强调要从居民需求入手，结合居民需求开展社会工作服务。但事实上，不同的人对于需求的理解会有不同的答案。有时候，居民表达的是一种随意的期望，而社会工作者则把这种期望当作需求来理解，导致开展的社会工作服务最终并没有达到预期的目标和效果。强调需求本身没有错，需求分析也是社会工作服务当中非常重要的一个环节，但是如果不能较好地理解需求的具体内涵，就不能客观地分析居民的需求和开发合适的社会工作服务项目。

需求对很多行业都是重中之重，比如，企业知道客户需求就可以有针对性地开发产品。相比企业提供的看得见的产品而言，社会工作服务这种看不见的产品同样需要应需求而生。

需求原本是经济学领域的名词，是指人们在欲望驱动下的一种有条件的、可行的又是最优的选择，这种选择使欲望达到有限的最大满足。在社会工作领域，"需求"一词也得到了广泛的应用。我国台湾学者万育维认为，社会工作中的人类需求指人们在所处环境中经由客观比较或主观感受，察觉在某方面有所匮乏而产生危机，但又缺乏通过市场经济应对危机的能力，因而要求或极度期盼某些团体或组织采取特定的干预行动，提供必要的物质或者服务以使其摆脱困境、恢复或增进其福祉。他认为需求是社会福利的中心，它界定了服务的目标与主体，也是福利服务、社会计划与资源分配的基础。复旦大学顾东辉教授认为，需求及其评估是社会工作实务的出发点，有特定的系统，可以理解为一般需求、特殊需求以及社会需求三类。一般需求是指所有人都具有的、对人的生存和发展十分重要的需求。如：社工站在面向儿童群体开展服务时，要知道所有儿童都有学习知识的需求，都希望学业能进步，获取好成绩，所以当留守儿童面临父母外出务工，家庭中无人可给予学业辅导时，其可能会面临学业上的困境，需要学业层面的帮扶服务。特殊需求是指一般需求与个体特性的合成物，具有个别化的特征。如：面对有特殊学习困难的儿童，常规的学业辅导方法可能并不能奏效，这就需要社会工作者在了解其学习困难的类型和状况后，有针对性地提供支援和开展干预工作。社会需求是指由社会因素引发从而诸多个人都具有的个人需求，也称社会引发的需求。如：近些年受新冠肺炎疫情的影响，大家外出不论是进公共场所还是乘坐公共交通工具，都免不了要扫场所码，要出示健康码和行程码，这对于熟练使用智能手机的年轻人来说操作起来很简单，然而对于一些年长的老人而言，可谓是一种挑战，原本只是用于通话的手机突然间不能满足需要了，需要更换为智能手机，要学习掌握各种功能，要掌握如何在不同端口来回切换各种码。为此，不少社工站积极回应老年人需求，开展长者智能手机学习小组，以提升老年人正确使用智能手机的能力。

我们知道，人类的各种行为都是在动机的驱使下向着某一个目标或某几个目标进行的，而一个人动机的根源又是由某种需求引起的，因此要了解人类的行为首先就要了解人类的需求。

人类的需求是人脑对生理和社会需求的反映，是个体对内部环境和外部生活条件的稳定要求。它通常以愿望、意向等形式表现出来，就像人饿了要吃东西、人累了要休息、人冻了要保暖。需求是人的基本特性，是人类活动和行为积极性的源泉。所以从某种意义上来说，需求可以看作是人类一切活动的出发点和归宿。

二、需求与问题的关系

问题导向是社会工作乃至人类服务的发源。无论是早期欧洲社会工作中的家庭访问和睦邻组织运动，还是古代中国济困行动中的福田义庄和以工代赈，其原始动机都旨在纾解民众的现实困境。

问题是需求不足的特定形式，最初表现为议题即社会现象，在无法自助恢复时，需求不足就成为问题或被视为问题。

问题和需求具有辩证的联系关系，解决了问题就满足了需求；而满足了需求，则并不一定就解决了问题，只能说在一定程度上缓解了问题。作为社会工作者，我们不仅要善于发现问题，更要学会分析问题背后的需求，从需求出发，以需求为本，开启专业服务之路。

知识链接

问 题 树

问题树又称逻辑树、演绎树或分解树，是一种以树状图形系统地分析存在的问题及其相互关系的方法。它的原理是将问题的所有子问题分层罗列，从最高层开始，并逐步向下扩展。主要做法是：把一个已知的问题当成树干，然后开始考虑这个问题和哪些相关问题或者子任务有关，每想到这一点，就给这个问题（也就是树干）加一个"树枝"，并标明这个"树枝"代表什么问题。一个大的"树枝"上还可以有小的"树枝"，以此类推，找出问题的所有相关项目。

1. 问题树包括三部分

树干——项目所要解决的"主要问题"。

树枝——问题对服务对象所产生的"消极后果"。

树根——问题的"成因"，这是问题树最关键的问题。

2. 具体步骤

（1）确定主要问题；

（2）将主要问题放在树干即"问题"的位置上；

（3）不断地问"为什么"，追索成因，当问到无法得出原因的时候，就可以停止；

（4）不断问"所以呢"，探究后果，确定问题的消极后果，当问到无法得出后果的时候，就可以停止；

（5）检视原因和后果之间的逻辑关系是否成立。

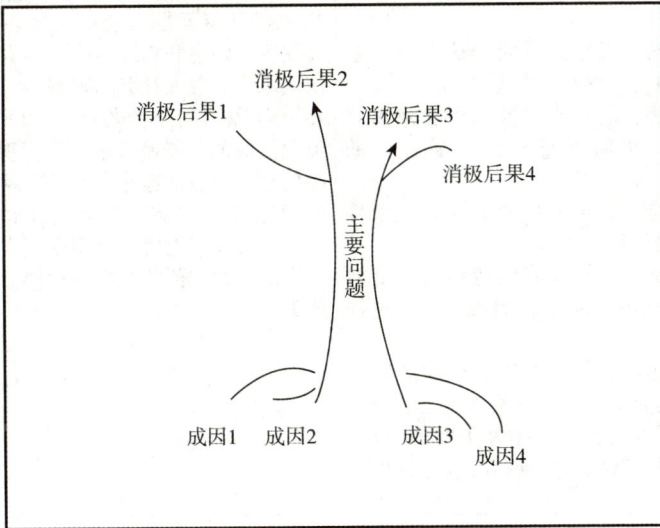

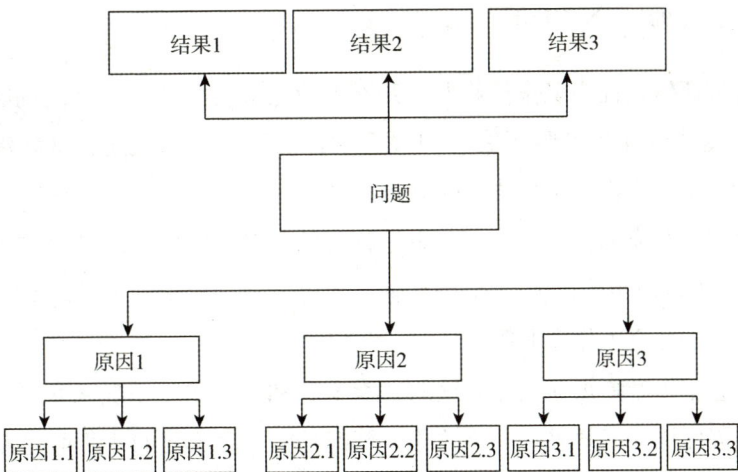

下面以老年人群体面临的主要需求和问题为例说明（见表 2-1）。

表 2-1　老年人群体面临的主要需求和问题

需求	问题
1. 经济保障：老年人需要通过领取退休金、养老保险、家人供养等途径来得到赡养，从而获得经济方面的保障。 2. 健康维护：老年期是疾病多发期，健康维护是老年人最为关注和渴望满足的需要。 3. 社会参与：老年人需要表达自身的意愿，维护自身的权益并发挥余热。 4. 就业休闲：老年人需要有机会发挥自己的专长，也需要有机会发展自己的兴趣。 5. 居家安全：老年人更加关注家庭条件的改善、居住环境的安全。 6. 婚姻家庭：老年人有维持和向往美好婚姻家庭生活的需要，而且较年轻人更加迫切和必要。 7. 后事安排：老年是人生历程的最后一个阶段，因此老年人十分关心自己的身后事宜，需要在离世前安排好子女的生活、财产的处置、墓地的购置和后事的操办等	1. 疾病与医疗问题：老年人，尤其是高龄老年人，受到慢性疾病的折磨，生活质量因此受到极大影响。 2. 家庭照顾问题：空巢、独居和失独老人缺乏家庭照顾的问题尤为严重。 3. 宜居环境问题：老年人居住环境中常存在安全隐患和物理障碍，使老年人面临伤残风险和融入社会的限制。 4. 代际隔阂问题：老年人的学习机会和资源供应的下降使其难以掌握现代的知识和信息，沟通常容易出现代际隔阂。 5. 社会隔离问题：老年人退出工作岗位或失去劳动能力后社交圈子大大缩小，晚年生活往往与孤独、寂寞相伴，社会隔离严重

三、如何区分"需求"与"需要"

需求评估是社会工作从业人员开展专业服务实践的起点，但现实中我们经常会看到有"需要评估"和"需求评估"的不同表述，这就涉及了"需要"与"需求"的差异。在中文语境下，"需要"与"需求"一般情况下是可以互换的，其基本含义也是相通的，但我们也可以对"需要"与"需求"进行简单的比较分析，区别二者的差异，把握其中的联系，以便更好地开展社会工作专业服务。

社会工作者是根据服务对象的"需要"和"需求"情况来开展服务实践的，因此深入了解服务对象的相关情况是必要且重要的。所谓"需要"，一般是有机体感到某种缺乏而力求获得满足的倾向。从心理学层面来说，是指当个体感受缺乏时所产生的内在心理状态，如饥、渴、冻以及心理上的抑郁、孤独、寂寞。所谓"需求"，即需要和追求满足。从心理学层面来说，是指引起个体行为的内在动力。对"需求"的理解，可以从经济学中相对应的"供给"一词来谈起。经济学上讲"需求"，是指人们有能力购买并且愿意购买某个具体商品的欲望。"需要"与"需求"都是生命体为了生存和发展而形成的一种状态，"需要"可以说涉及作为服务对象的个体的理性或非理性的一种期待，而"需求"则更倾向于基于自身条件和外在环境评估而进行了一种达到某种状态的考虑。所以，"需要"与"需求"既有联系，也有区别，这种区别在社会工作从业人员看来，主要表现在服务对象所要达到的一种期望状态的理性程度。

知识链接

"需要"与"需求"的对比

	"需要"	"需求"
主体	个体性	个体或共同体
倾向	主观性倾向	客观性倾向
目标	相对非理性	相对理性
行动	偏重思想性	偏重行动性
范围	比较大	比较小

四、需求的类型

（一）生理性需要和社会性需要

从起源来说，人的需要可以分为生理性需要和社会性需要。所谓生理性需要是指人们对延续和发展自己的生命所必需的客观条件的需要。如：针对社区老人，不少社工站都会开展养生保健课堂，这便是对老人生理性需要的回应。社会性需要则是指人们在生理性需要的基础上形成的一种特有的需要，它是在维持人们的社会生产和社会交往的过程中形成的。如：

面向独居老人开展服务时，如果其低龄且行动方便，可考虑逐渐将其带出家门，参与社区活动，融入社区生活；如果是高龄老人，则可以以组团上门探访的形式，重建老人与社区的联系，提升老人的社区归属感。

（二）物质需要和精神需要

从内容来说，人的需要可分为物质需要和精神需要。物质需要是指个体对物质的需要，如衣、食、住、行。它既包括生理性需要，又包括社会性需要。精神需要是指人们对自己的智力、道德和审美等方面的发展条件的需要，如学习知识的需要、形象建立的需要、自我实现的需要等。

（三）生存性需要和发展性需要

从迫切程度来说，人的需要可分为生存性需要和发展性需要。生存性需要是指维持人类生存所必需的条件，如阳光、空气、水、食物等。发展性需要是人们平等、自由地参与政治、经济、社会发展所需要的各种条件，如教育、医疗、社会保障等。

第二节　项目需求与资源的分析

一、常用的需求分析理论框架

（一）马斯洛需求层次论

1943 年，美国心理学家亚伯拉罕·马斯洛从人类动机的角度提出需求层次论，该理论强调人的动机是由人的需求决定的，认为人的基本需求表现为生理、安全、归属、尊重、自我实现等由低到高的五个层次，当低层次需求得到满足后，高层次需求才会出现并得到满足。如图 2-1 所示。

生理需求。指人类维持自身生存的最基本要求，包括饥、渴、衣、住、性、健康等方面的需求。生理需求是推动人行动的最强大的动力。在社工站的服务中，当发现一个家庭因病致贫、生活处于困境之中时，作为社会工作者要去思考服务对象的现状是否符合相关的社会救助和保障政策要求，从满足基本的生活需要入手，对服务对象进行实质性的帮扶。

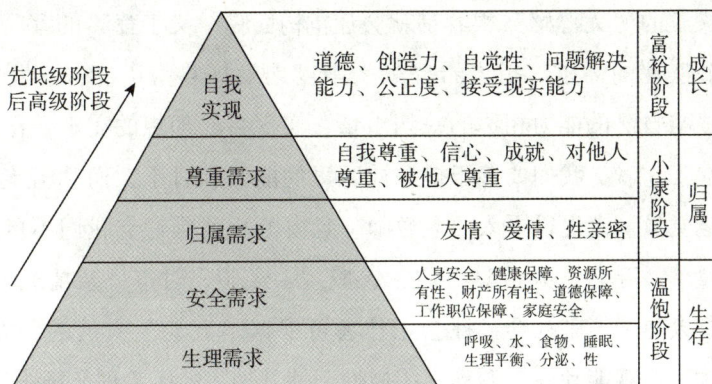

图 2-1　马斯洛需求层次论

先低级阶段
后高级阶段

层次	内容	阶段	类别
自我实现	道德、创造力、自觉性、问题解决能力、公正度、接受现实能力	富裕阶段	成长
尊重需求	自我尊重、信心、成就、对他人尊重、被他人尊重	小康阶段	归属
归属需求	友情、爱情、性亲密		
安全需求	人身安全、健康保障、资源所有性、财产所有性、道德保障、工作职位保障、家庭安全	温饱阶段	生存
生理需求	呼吸、水、食物、睡眠、生理平衡、分泌、性		

安全需求。指人对安全、秩序、稳定及免除恐惧、威胁与痛苦的需求。作为社工站四大服务板块内容之一的城乡社区治理就是要在立足社区实际情况的基础上，充分发掘和善用社区的人、财、物资源，增强居民的安全感和幸福感，共同建设安定、和谐、友爱的生活环境。

归属需求。指人要求与他人建立情感联系，以及隶属于某一群体并在群体中享有地位的需求。这一层次的需求包括两个方面的内容：一是归属的需求，即人都有一种归属于一个群体的感情，希望成为群体中的一员，并相互关心和照顾；二是友爱的需求，即人人都需要伙伴之间、同事之间保持关系融洽或建立友谊和忠诚。例如，对于一个长期缺少父母关爱、呵护的青少年来说，家庭关系的冷淡会让其认为自己在家庭中没有地位、没有价值、没有存在感。因此他可能会为了在朋辈中寻找存在感，主动融入朋辈社交圈中，一起抽烟、喝酒、泡网吧，即使他可能完全不习惯这样的生活方式，但他仍旧会去跟从，因为他渴望被朋辈认可、被团体接受。

尊重需求。指人人都希望自己有稳定的社会地位，希望个人的能力和成就得到社会的承认。尊重需求既包括对成就或自我价值的个人感觉，也包括他人对自己的认可与尊重。作为社会工作者的好帮手，义工是非常重要的人力资源。在服务过程中，如果社会工作者总是对义工的"尊重需求"漠不关心，对义工呼之即来挥之即去，不提前去了解义工的服务期待，不主动去关心义工的服务状况，不积极去维系义工的服务关系，长此以往，义工的"无尊感"很容易就会让机构面临"义工荒"的窘况。

自我实现的需求。指人希望最大限度地发挥自身潜能，不断完善自己，完成与自己的能力相称的一切事情，实现自己理想的需求。作为社工站的社会工作者，我们要善于挖掘社区里的能人和骨干，而"五老"（老干部、老党员、老退役军人、老教师、老模范）就是一支我们不可忽视的重要力量。"五老"人员具有政治、威望、经验、时空、亲情五大优势，愿意发挥余热、奉献社会，社会工作者可根据"五老"人员的个人特长，充分发挥其主观能动性，调动其积极性，使其加入社区治理队伍中来。

拓展阅读 ....

金泉路社区："五老"联动，多元促治理

为进一步创新社会治理体系，改进社会治理方式，激发社会力量参与社会治理活力，甘肃省酒泉市肃州区金泉路社区加强和创新社区社会治理管理模式，积极吸收本辖区内的"老干部、老党员、老退役军人、老教师、老模范"加入社区治理行列。该社区广泛开展以"五老讲党史、五老促治理"为主题的各类为民服务活动，发动"五老"主动融入社区、发挥能量、奉献余热，凝聚和调动"五老"的积极性，以志愿服务为起点、以社区为支点、以社会治理为切入点，让"五老"由社区治理最初的旁观者变为参与者，实现活动开展同策划、安全维护同参与，充分发挥先进典型示范引领作用，运用榜样的力量传播社会正能量，使辖区"五老"成为社区治理的一支重要力量。

（二）阿尔德弗尔ERG需求理论

ERG理论是阿尔德弗尔于1969年提出的一种与马斯洛需求层次理论密切相关但又有差别的理论。他把人的需要分为三类，即生存的需要、关系的需要和成长的需要。

生存的需要。指关系到人的机体的存在或生存的需要，包括衣、食、

住、行等方面。

关系的需要。指发展人际关系的需要，主要通过与他人的接触和交往来满足。

成长的需要。指个人自我发展和自我完善的需要，主要通过发展个人的潜力和才能，从而使个人得以成长和发展。

（三）布莱德肖的需求理论

关于需求，英国学者布莱德肖归纳总结了四种不同类型。

规范性需求。指专业人员、行政人员或专家学者，依据专业知识和现有的规定或规范，指出在特定情况下所需的标准。比如，国家权威部门或专家提出的儿童发展健康标准和服务需求，当某些儿童在生长发展过程中达不到这一标准时，规范性需求就出现了。

感觉性需求。指个人主观表达出来的需求，反映了居民接受服务的意愿。社工在规划和设计服务时，要充分考虑居民的感觉性需求，以便提高服务的针对性。比如，在儿童入户探访中，家长说周围的孩子都在上辅导班，自己家因经济状况差无法给孩子报班，很担心孩子的学习辅导，这里儿童的课业辅导就是感觉性需求。

表达性需求。指个人把自身的感觉性需求通过行动来表达和展现。表达性需求主要反映了对社会服务数量上的需求，但不一定表示对服务质量的不满意。此外表达性需求不仅来自个人，也来自团体。

比较性需求。需求的产生是基于与某种事物所作的比较。指进行对照、发现差异而得到的需求。比如，其他小朋友的社区都有"四点半课堂"，每次放学后可以在社区里写作业、玩游戏，而小朋友 A 的社区中没有，那么我们可以比较后猜测：小朋友 A 是否也有对社区"四点半课堂"的需求呢？这就是比较性需求。

知识链接

在老年社会工作领域，最为常用的需求评估框架是"身心社灵"全人模式，它在老年领域、医护领域、心理学领域、教育领域运用较多。世界卫生组织提出，健康包含了四个方面——身体、心理、社交和灵性，简称"身心社灵"。全人健康的概念是指个体乃由身体、心理、社交、灵性四大层面构成，个体的整全健康取决于这四个层面的平衡发展。每个人都需要积极地关注自己这四个方面的需要，维持整全的健康，以面对人生的挑战。"身心社灵"的评估框架与内容可参考下表。

评估框架	内容	评估维度/方向
身体健康	能留意身体信息，作出适合自身情况的照顾调整	健康状况、感官能力、自我照顾、活动能力
心理健康	认识和学习认知、情绪和行为的健康；建立正向思维和正向心理	情绪、自然形象、生活满意度、认知
社交健康	建立及维系和谐的人际关系	家庭状况/结构、工作/社会参与、经济、角色、沟通、社交接触
灵性健康	对信仰进行探索与追寻；认同自我人生意义与价值；灵活从容地面对生命的挑战	宗教/信仰、生命意义、信念、生死态度

二、需求分析的方法

前面已经提到需求分析对社会工作服务的重要性，它是社会工作服务的起点，服务方案、服务执行、服务成效都源于此。如果需求评估做得不好，后续的服务质量也难以保证，因此掌握正确、有效的需求评估方法就显得尤为重要。

社会指标法。是指利用现存有关社会问题（如服刑人员子女的犯罪率）的发生情况或流行程度的统计资料，或一些非直接与问题发生有关的统计资料（如服刑人员子女的学业成绩），从而对需求作出判断。

直接联系法。是指设计和运用量度的方法和工具，从服务对象中随机选取样本进行调查，从而分析出存在的问题或不理想状况。搜集资料的方式包括：访谈、电话访问、问卷等。

社区印象法。是指从社区或群体中挑选一些具有代表性的人员，通过社区议事、焦点小组的方法搜集有关需求的信息。

资源点存法。是指通过调查访问了解目前政府、企事业单位、社会团体、社会服务机构面向服务对象所提供的服务现状，得出社会为满足服务需求的整体供需情况，通过揭示服务的不足之处，从而达到得出需求的目的。

案例分享

长沙市芙蓉区东湖街道社工组织专业养老服务统计表

社区名称	机构名称	服务项目	服务内容
滨湖社区	长沙市芙蓉区同行者社会工作服务中心	"湖滨之家"社区共融服务项目	以营造"共融、共建、共享"社区为核心目标，采用社会工作专业方法，以社区自治为基础来开展相应服务，通过链接社区及外部资源，推动社区居民之间的互助、共享与共融
龙马社区	长沙市银发族为老公益服务中心	"龙情汇"三社联动志愿服务项目	龙马社区、"龙情汇"三社联动志愿服务品牌，建构"乐龄之家""自治之家""邻里之家"三个平台，开展"乐龄学院""龙情志愿队""百姓微实事""龙情益站""童龄益社"五项内容，推动居民参与、三社互动、多元互助
韶光社区	长沙市芙蓉区睦邻社会工作服务中心	"党建引领 共治共享"项目	韶光社区"党建引领 共治共享"项目是社区引进长沙市芙蓉区睦邻社会工作服务中心打造的社区服务项目，坚持党建引领，依托新时代文明实践站，结合离退休党支部阵地，更好地服务年老体弱党员
东沙社区	湖南省一起公益慈善事业发展中心	"关爱儿童之家"社区青少年服务项目	东沙社区"关爱儿童之家"社区服务项目开设老年大学和关爱儿童之家，实现老年生活"老有所乐、老有所为"，实现自我人生价值
合平新村	长沙市银发族为老公益服务中心	"合乐一家"为老服务项目	合平新村"合乐一家"项目是社区引进长沙市银发族为老公益服务中心打造的三社联动项目，项目以"居民教育、社区文化建设、党员志愿者发展"为核心任务，致力打造一个"村改居·居民合乐"社区

三、需求分析的步骤

(一) 组建需求调研队伍

需求调研是一项系统且任务量大的工作，从前期准备到调研结束一般至少需要一个月的时间。因此，组建一支优秀的调研队伍，明确责任分工，是开展高质量需求调研的前提。

社会工作者可以与项目主管进行沟通，协调社会工作者参与调研。除此之外，调研人员还可以包括党员、志愿者、社区干部、居民骨干等，他们对项目服务地区的风土人情都比较熟悉，能很好地带领社会工作者融入服务场域，展开调研。

(二) 撰写需求调研方案

需求调研方案包括调研的目的、意义、时间、对象、方法、人员分工等，撰写调研方案可以让社会工作者更好地做好调研准备，了解需求调研都需要做的工作有哪些，从而统筹安排调研工作。

(三) 设计需求调研问卷

需求调研问卷主要依据调研目的进行设计，问题一般分为开放式和封闭式。根据调研目的分为几个部分，一般包括调研对象的基本信息（比如性别、年龄、文化程度、兴趣爱好等）、调研对象的需求、社区的问题以及调研对象的意见建议。

需求调研问卷的设计直接关系到调研的精准程度。如果新手社会工作者刚开始不知道如何设计问题，可以先参考机构之前的模板，也可以在网上搜索相关的问卷模板来参考。此外，调研问卷可以针对不同的调研对象设计不同的版本，除针对服务对象的，社会工作者也要考虑设计购买方、用人方以及社区其他相关利益共同体的调研问卷，以便更好地从不同的角度了解大家对服务的期待。

(四) 开展需求调研培训

为确保需求调研有序、有效地进行，社会工作者有必要组织需求调研团队开展调研前的培训工作，让调研团队成员充分认识和了解调研的目的、意义、对象、方法、分工以及相关注意事项，特别是一些调研技巧，如怎样与居民进行有效沟通、入户访谈技巧、调研问卷的存档整理等，以确保团队成员能高质量地完成调研任务，保证调研的效果。

（五）进行需求调研走访

需求调研的形式和方法有很多种，最常用的有问卷调查、关键人物访谈、直接观察、焦点小组、查阅文献资料等，只有多种形式、多个角度的调研才能深入了解需求情况，而不至于让需求流于表面。

1. 问卷调查

问卷调查结合前面设计的调研问卷，对调研对象展开抽样调研，可以采用线上线下相结合的形式。如具备线下调研的条件，尽量选择线下形式，因为可以与调研对象进行互动沟通，特别是一些开放性的问题，调研对象文化水平不一，表达能力也参差不齐，如果存在调研对象表述不清晰的情况，社会工作者可以及时进行澄清，也能更准确地了解调研对象所要表达的意思。

除此之外，线下调研可以帮助社会工作者与调研对象建立初步的关系，如果在调研中发现了居民骨干、社区能人，社会工作者能与其建立联系，为后期开展服务奠定坚实的基础。

在开展问卷调研时，社会工作者要做好调研问卷的编号和存档，方便后期录入系统，进行数据统计分析。

2. 关键人物访谈

前期社会工作者可以通过正式渠道（政府或居/村委介绍）或其他非正式渠道（居民推荐）先确定社区中的关键人物。这类人物一般比较了解和关心社区的发展，比如村"两委"干部、社区领袖、物业人员、共建单位的工作人员等，可通过对他们面对面的访谈了解社区整体情况。

社会工作者在访谈之前要提前做好准备，比如与访谈对象预约时间、准备好访谈的问题、着装要得体；访谈时要选择合适的场地，注意沟通技巧，比如充分尊重对方、认真倾听，与访谈对象做好互动，同时做好访谈记录；访谈后社会工作者要做好访谈资料的存档以及访谈内容的整理。

案例分享

"老有所为"街道社工站"一老一小"品牌服务项目
社区关键人物访谈提纲

一、社区简介（类型、历史、面积、人口结构、社区内单位、社区自组织、产业等）

二、社区困境老人与儿童的问题及服务现状（人数、比例、问题、需求、社区提供的服务、服务满足的程度等）

三、专业服务情况（购买或引入社会组织开展服务的情况、服务的成效、服务存在的问题等）

四、社区资源情况（人力、物力、资金、组织等）

五、社区的诉求（对社工站和社会工作者服务的期望、态度等）

3. 直接观察

社会工作者在进行走访观察时，要提前做好规划，确定每次走访的重点目标。比如，观察社区居民的活动情况，居民一般喜欢在什么地方聚集、居民热衷什么样的娱乐方式等；社区的商业资源、基础设施建设情况、风俗习惯等。社会工作者在走访观察的时候也可以与居民进行简单的口头访谈，进一步了解社区情况。

4. 焦点小组

焦点小组，也称小组访谈，是社会科学研究中常用的质性研究方法。一般由一个经过专业训练的带领者主持，以半结构方式（即预先设定部分访谈问题的方式），与一组被调查者围绕主题进行深入交谈。

秉承以服务对象为主体的原则，焦点小组侧重让组员表达自己的观点，引导组员之间进行讨论互动，最后梳理出问题的结论。当然，焦点小组很考验带领者的控场能力，特别是当有的组员讲述偏题、滔滔不绝、发生争执时，都需要带领者及时进行引导，使访谈回归主题，保证访谈效果。

5. 查阅文献资料

社会工作者可以与社区工作人员进行联系，通过社区现有的文献资料了解社区情况，比如人口状况、特殊群体情况、社区社会组织的情况等，通过现有资料的收集，社会工作者的调研可以达到事半功倍的效果。

6. 得出结论，撰写需求调研报告

以上所有的调研过程结束后，就要对需求调研资料进行分类整理、统计分析。问卷调研一般采用数据分析软件（如 SPSS、Excel、问卷星等）进行统计分析；开放式的问题以及无法用软件进行分析的资料，则需要人工进行提炼总结。最后，根据分析结果撰写需求调研报告。

案例分享

长沙市芙蓉区东湖街道为老服务需求汇总表

需求主体	服务项目	服务对象	需求
滨湖社区	"湖滨之家"社区共融服务项目	社区	1. 组建一支居民骨干队伍带动辖区居民参与社区治理； 2. 为老年人服务发展提供专项资金； 3. 品牌打造； 4. 整合辖区资源，资源共享
		老年人	1. 老年人业余生活单调； 2. 老年人需要陪伴与支持； 3. 日常照料服务的需求； 4. 刚退休老人希望社区提供平台，实现个人价值； 5. 上门医疗
		社工机构	1. 政策支持； 2. 为社会工作的发展提供专项资金； 3. 加强社会工作督导的建设； 4. 提高社会工作者知名度及对职业的认同感

四、资源的分析

在社会工作实务过程中，一方面我们要精准把握需求，另一方面我们也同样需要留意服务群体或个体潜藏的各类资源。这些资源是开展服务工作的有力保障，我们一定不要把资源当垃圾，视而不见。相反，我们应全方位、多角度去分析已有的和潜在的资源，努力发掘，力争将其为我所用，更好作用于服务对象身上。

（一）认识资源

所谓资源，是指一定地区内拥有的人力、物力、财力等各种物质要素的总称。根据资源的性质，可以分为正式资源和非正式资源；根据资源使用周期，可以分为短期（一次性）资源和长期（可循环）资源；根据资源的特征，可以分为有形资源和无形资源；根据资源的类型，可以分为物质资源、精神资源、人力资源、组织资源及政策资源等。

拓展阅读 ·········

认识资源从"社区漫步"开始

社区漫步是指在社区服务领域中社会工作者用脚步感受社区的温度，了解社区的实际状态。它是社会工作者了解社区、直接接触社区的一种方式。

通过社区漫步，使社会工作者建立对社区的基础认识，再结合其他资料收集的方式，社会工作者便可绘制资源地图。

社区资源地图

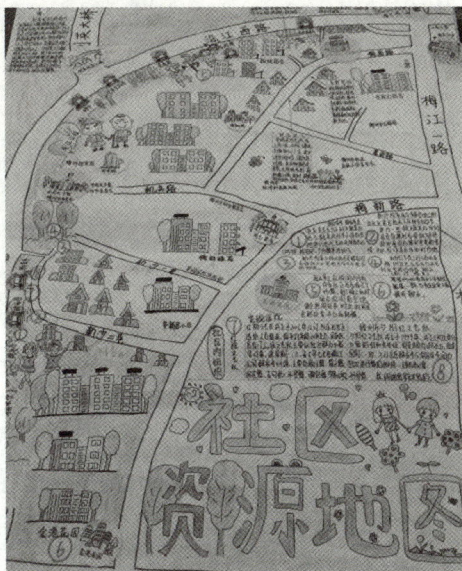

- **人力资源**：相关利益主体（工作站、管理处）、社区组织、社会服务单位（社区服务中心、学校、卫生门诊、体育馆）、企业单位（商铺、教育培训机构）、其他（热心居民、非正式团体）
- **技术**：
- **物资**：
- **服务**：衣食住行
- **场所**：企业、银行、医院、公园、运动场所
- **信息**：文献资料、典籍
- **文化**：风俗
- **地理**：河流、树木、地貌地形

（二）资源整合的方法

1. 做好资源列表

制作一份详细的清单，暂且不计费用，把所有有可能需要的东西都包括在内，标出其中必须要有的项目，剩余的项目则可以在初步预算确定后再有选择性地补充进去。

拓展阅读

大型活动一般需要的资源项目

人力费用 住宿、交通、保安及医疗人员、社会工作者、主持人、摄影师等专业工作人员费用　1	**场地费用** 租金、布置、装饰、摆花、舞台、视听设备等　2
宣传费用 宣传册、会议手册、背景墙、横幅、纪念品、易拉宝等　3	**安全费用** 保险、消毒液、口罩等　4
物力费用 活动道具（手工耗材、绘本等）、箱装水、饮食等　5	**杂费支出** 纸巾、U盘、袋子、邮寄、通信等　6

2. 甄选现有资源

根据成本预算，将所需资源进行分门别类，分为已有的资源和尚缺的资源，充分利用已有的资源。

3. 挖掘潜在资源

对于尚未为自己所用的资源，也要保持紧密关系，主动对接、主动介绍，积极寻找利益双方的交集，善用潜在资源。

拓展阅读 ···

挖掘资源的方法：问题分析法

step1：参与者分成小组
step2：根据提出的问题，每组可选择5个最重要的问题
step3：将问题填到"问题与对策分析表"内，小组成员一起商量，对问题进行分析，提出解决问题的办法，列出需要获得的支持，可将讨论展示出来（如大纸贴在墙上）
step4：各小组分享讨论结果，对比不同之处
附：问题与对策分析表

序号	问题	原因	解决方法	需要的支持
1	项目资金	缺少经费支撑	项目创投 政府购买	创投信息 相对应的部门
		······		

五、需求分析的注意事项

为保证评估调查过程中收集到的信息数据全面可靠，在具体执行过程中社工需要注意：

● 需求评估参与者应包括服务场域内不同性别、年龄、身份，不同经济、文化、社会背景的人群，尤其是不常露面的困难人群或"隐性人群"；

● 应该鼓励困难人群或"隐性人群"发声，调动他们积极参与；

● 调查前及时准确向被调查者说明目的，排除其他干扰性的期望，保证信息准确真实；

- 使用被调查者容易理解的语言，避免使用有歧义、多义、引导性语言和词汇；
- 调查过程中应确保被调查者独立回答问题，避免被第三方引导干扰；
- 不可轻信被调查者随意提供的信息，必要时可向有关部门或单位求证。

做好需求调研是社工必备的一项基础能力，所以作为新手社工，一定要深入学习并将其运用到工作中。只有精准把握需求，才能为服务对象开展精准化的服务。

第三节　如何撰写需求评估报告

需求评估报告的基本框架包括以下 5 个方面。

一是评估报告背景。评估报告的背景可根据需要从宏观、中观、微观 3 个层面着手，可以包含整个社会大环境或者是整个服务对象所在人群集体的特点、现状、整体性需求等；或相关政府部门的政策性要求或甲方的特殊要求；或服务对象所在地及个体的背景（项目背景）。

二是评估调查对象。一般为项目实施地区接受项目服务的直接/间接人群。

三是评估方法与过程。需求评估方法主要有观察法、访谈法、问卷法、量表法等，可根据实际情况选取一种或多种方法。如有必要，简要说明调查过程。推荐使用问卷法和访谈法，调查内容及关注维度包括但不限于身体健康、心理健康、经济状况、工作情况、家庭关系、社交情况等。

四是评估结果分析。研究结果是整个报告的重中之重，包括服务对象表现出来的特点（身心、身份）、问题（复杂性、变动性）、需求（多维度、多角度）、拥有的资源（与环境的互动、多方支持系统）等。此部分需要结合调查过程中收集到的信息及数据，通过分析总结得出暂时性结论。可考虑分为两部分进行阐述：一是服务对象及所在地表现出来的内外问题，要素包括服务对象的群体结构、生存状况等，服务场域的资源及使用情况，场域内可调动的资源情况等；二是服务对象显性或隐性的需求。

五是评估意见与建议。针对以上分析结果，回应相关问题，并有针对性地提出介入建议，为后续开展服务设计和策划提供参考意见。

第 3 章

怎样设定项目目标

案例分享

  T机构在制定"一街道一平台一精品"的社工站服务项目时，项目团队已经明确开展"老有所为"主题服务，社会工作者小李负责项目目标设定部分。经过与团队头脑风暴，社会工作者小李把目标设定为：

  1. 为各街道打造一个多元化服务平台；

  2. 通过精品专业服务满足困境老人、困境儿童的多元化需求；

  3. 通过鼓励老年人参与，促使老年人通过"有为"实现"有价值的养老"，助力推动打造共建共治共享的社会治理格局。

  督导在对项目书进行评阅时，对社会工作者小李提出质疑："这些目标需要很长时间才能达到，太宽泛了。此外，多元化平台搭建的标准是怎样的？困境老人、困境儿童的多元化需求如何能够证明得到了充分的满足？'有价值的养老'怎么样算是实现了呢？社会治理格局与老年人需求有多大关联？"面对督导的质疑，社会工作者小李很是茫然，觉得自己设定的目标已经很全面、很切实了，不知道该如何回应督导的问题。

  相信很多一线社会工作者都有类似经历，觉得在目标设定的时候已经思考得很周密了，但是经常出现服务目的要么太宽泛、要么太具体这样的问题，到了项目方案设计到实施策略撰写这一步骤的时候就会发现难以继续。有的时候，就算完成了整个项目方案的设计并且开展服务，在对项目进行复盘或者接受评估时，也总是出现各种问题。

  面对项目计划书上不可避免的"目标"这一项，项目目标设定非常重要。然而在实际工作中，项目目标设定经常性地成为一线社会工作者们头疼的一环，不知道怎么写比较好。在目标设定中，以下问题常常困扰着一线社会工作者。比如，目标和目的到底怎么区分？需求太多，目标怎么设定？目标设定时如何做到难易适中？目标设定的 SMART 原则①如何实现？目标怎样

---

  ① SMART 是英文 Specific（具体的）、Measurable（可测量的）、Attainable（可达到的）、Relevant（相关的）和 Time-bound（有期限的）的首字母组成，代表了有效的项目目标应该具有上述 5 种特征。

才能与项目主旨相匹配？目标太多了怎么筛选？当然，也有部分社会工作者可能会认为目标设定随意写写就可以了，写成什么样并不重要，重要的是项目实施策略。其实不然，如果项目目标不清晰，那么项目执行情况就会缺少评判依据。结合实际工作中目标设定遇到的困难，本章将围绕设定目标、筛选目标、确定目标三方面展开阐述，为一线社会工作者提供参考。

第一节　设定目标

在进行需求调研之后，需要社会工作者在调研报告的总结中厘清项目服务的焦点，明确项目的服务对象，确定服务对象的需求和问题，从而制定项目目标。项目目标是在一定时间和资金约束条件下，社工站所要达到的预期结果。项目目标是对所有利益相关群体的承诺，更是检验社工站工作好坏的依据，一定程度上也能起到激励社会工作者的作用。一个好的项目目标可以帮助社会工作者在设计和执行项目时作出正确的决策，是社工站项目的指路明灯。在任何情况下，设定目标都能让工作变被动为主动。设定目标看似简单，实则有很多需要注意的地方。

知识链接

一、界定项目目标与目的

区分目标与目的，是项目完成的方向指导。目标强调服务的方向和终点，目的强调服务的原因和意图。

目标：项目服务开展希望达到的成效。可分为成果目标（任务目标）与过程目标，也可分为长期目标、中期目标、短期目标。

目的：指希望通过项目而达到的长远成果，无须在项目结束之时达到，其陈述一般较为概括。

二、目标的分类

1. 根据目标的侧重划分

任务目标：社会工作服务项目要解决的一些特定的社会问题，包括完成一件具体任务，达到一些社会福利目标，满足服务对象需要，例如修桥铺路、安置无家可归者等。

过程目标：促进服务对象（主要为社区居民）的一般能力，包括建立社区不同群体的合作关系，发掘及培养社区领袖参与社区事务，加强对公民事务的了解，以至增强服务对象解决问题的能力、信心和技巧等。

2. 根据目标实现的时间划分（以三年期社工站项目为例）

短期目标：通常是指时间在一年内的目标，是中期目标和长期目标的具体化、现实化和可操作化，是最清楚的目标。

中期目标：指的是在一定的目标体系中受长期目标所制约的子目标，是达到长期目标的一种中介目标。

长期目标：指三年以上的目标，它是指项目团队通过实施特定服务战略所期望的结果。

在社工站项目设计中，目标的设定一般包括如下程序和工作。

一、分析情境，找寻设定目标的依据

因项目服务目标的设定不仅由服务对象的问题和需求决定，还受到环境、政策、资源、利益相关方等多方因素的影响，因此，设定项目目标的第一步就是对影响目标生成的各种环境、政策、资源等因素进行分析。以社工站为例，我们在制定社工站服务目标之前，需要分析的情境包括：

（一）社工站建设和服务的相关政策

涵盖从中央到地方，从省到各市县区民政部门出台的社工站建设和服务的相关政策、方案和文件。这些政策文件对社工站建设和服务提出了规划路径、方向和要求，并通过政府购买服务，以服务协议的方式写进了项目的总目标和具体目标中。社会工作者在制定项目目标时，应首先了解相关的政策、制度和文件要求，审视目标是否紧贴政策。如湖南省"禾计划"的目标是：以社工站为平台、以项目为载体，促进社会工作和民政事业的融合发展，打通社会工作和民政服务的"最后一米"，不断提升湖南民政事业的民本化、社会化和专业化水平，持续推动湖南民政事业的高质量发展。[①] 在上述目标的指导下，某区民政局在制定采购投标文件时就明确了各标段以"一老一小"品牌服务项目为社工站服务的重心，并对不同标段的具体服务群体和主题提出了具体要求，如第四标段以"老有所为"为主题。据此，社会工作者在制定服务目标时，就不能脱离"老有所为"的范畴，"鼓励老年人发挥余热和优势""促进老年人社会参与"等就会成为项目的核心目标。

（二）资源和能力

指机构、街道、社区、社会工作者等拥有的内外资源和能力。资源包括人力、物力、资金、组织、文化等诸方面，能力主要是社会工作服务机构和社会工作者的服务能力。以"老有所为"的社工站品牌项目打造为例，某机构初步设计了"一街道一平台一精品"的服务方向，在筛选和确定目标时，需要考虑机构是否有足够数量的社会工作者来提供服务，项目资金是否充足，街道和社区的老年人或老年人自组织是否有参与社区服务的意愿和动机，社会工作者是否有能力来执行和实现目标等资源和能力因素。只有在资源和能力允许的条件下确定的目标，可行性和可实现性才会较强。

（三）项目相关方的意见

社会工作者在设定项目目标时，需要考虑与项目相关的人、群体和组织等相关方的需求和目标，需就项目目标与相关方协商并达成一致。社会工作者可以在需求评估时调查了解出资方、街道、社区、社区自组织、志愿者、服务对象的关系人等相关方的想法。在确定目标时将目标与项目相关方进行讨论，通过促进项目相关方参与来确定目标，增强目标的认可度和可执行度。某机构在制定"一街道一平台一精品"的社工站服务项目

---

① 徐蕴，姜波，王瑞鸿，等. 社工站建设之地方实践（三）湖南"禾计划"：如何实现从 1.0 到 3.0 版本的进阶 [J]. 中国社会工作，2021（4）：14-16.

时，因为时间有限，没有和街道、社区等相关方就目标和品牌打造的方向问题进行充分沟通和讨论，导致半年后部分街道对项目开展意见很大，如街道书记就说"社工站的服务没有和街道中心工作相结合"，他希望"社工站的所有项目都围绕'东湖夜话'的品牌展开"。

拓展阅读

社工站项目不同阶段相关方参与的重点①

项目阶段	相关方	参与重点
启动	出资方、街道领导、社区管理者、社区自组织、服务受益者等	收集意见、了解需求、参与需求评估
策划	服务对象、出资方、街道领导、社区管理者、机构管理者、督导、专家学者等	共同识别问题和需求，共同参与项目目标、内容等方案的设计
实施	服务对象、出资方、街道、社区、督导等	确保方案的执行，参与服务活动，保障服务成效的产生，确保相关方的利益得到回应
监控	所有相关方	监督项目进度和服务质量
结束	服务对象、出资方、第三方评估机构、服务机构、街道、社区等	参与评估项目的服务成效

二、明确方法，满足设定目标的要求

在对社工站项目的产生、发展等有了一个整体的认识后，社会工作者需要结合所准备开展的具体服务项目进行梳理，着手进行项目目标的设定，为项目设计指明方向。在实际操作中，可以用目标树、鱼骨图等方法来进行项目目标的设定。

---

① 项目臭皮匠 . 项目百子柜：一本社工写给同行者的工具书［M］. 北京：中国社会出版社，2016：94.

（一）目标设定方法之目标树

目标树是一种用于分析问题和寻找目标的工具，以一棵树来体现，与问题树相对应，是直接来源于问题树且与问题树有对等的结构。问题树用于分析问题的成因及后果，而目标树用于制定目标和寻找目标策略，体现出一种因果关系。目标树是按照树形结构对目标进行组织的方法，它把不同的目标均归类到更高级的目标之下，通过可视化的方式和分支层次来表示项目目标之间的逻辑关联。一个项目可能选择只处理整个问题和目标树里面的某一些部分，剩下的那些不处理的就很有可能成为假设。[①]

目标树包括三部分，如图3-1所示。

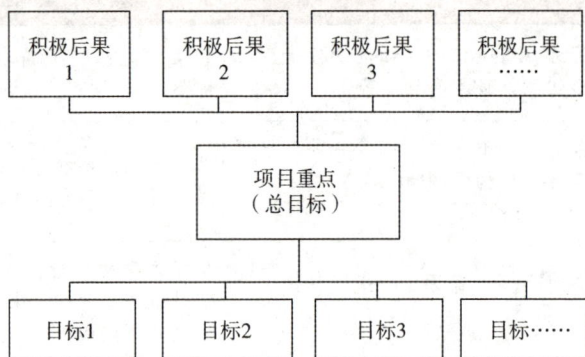

图 3-1　目标树架构

树干——将"问题"转化为"整体目标"或"总目标"，即项目要达到的"项目重点"，问题解决后会出现的状态。

树枝——将"消极后果"转化成"积极后果"，也就是项目介入或者完成后，给服务对象带来的"积极影响"。在这里需要注意，项目结束后"积极后果"并不一定马上就能够达到，而是始终朝着这个方向逐步转变。

树根——将"原因"转化成"具体目标"，也就是能回应问题成因的"目标"，将问题中的原因改为正向的表述。

总体目标应该能够总结所有目标并显示行动的总体大方向，所有目标

---

① 项目臭皮匠．项目百子柜：一本社工写给同行者的工具书［M］．北京：中国社会出版社，2016：65-68．

都指向这个大方向。可以从每组（具体目标）中抽取最具概括性的目标陈述。一个成功的总体目标不仅仅能总结这些陈述，还能提炼和凸显基本意旨。具体目标回答总体目标提出的问题"如何做"。它们与总体目标形成对比，总体目标较为广泛，能够以不同的方式加以解释。在着手创建目标树的时候，应对它的最终"尺寸"有一些限制，这样会很有帮助。一个良好的目标树状图应该矮一些，它应该用最简洁的词语来传达复杂的信息。如有可能，应该把中间目标的个数限制为三个或四个，再将每个中间目标限制为三个或四个具体目标。① 在实际操作中，如果不加以限制，那么目标树会过于庞大和复杂，项目目标难以实现。

以社工小李所参与的 D 街道社工站项目设计中"老有所为"作为整体目标分析，如图 3-2 所示。要达到"老有所为"的整体目标，社会工作者需要从"发挥自我优势解决社区问题、搭建互帮互助平台、开展多样化兴趣活动、开展参与社区公共事务培训"四个分目标努力。最终达到的"积极后果"分别是辖区内老人自我价值感及认同感增强、社会支持网络完善、日常生活丰富、参与社区公共事务能力提升。

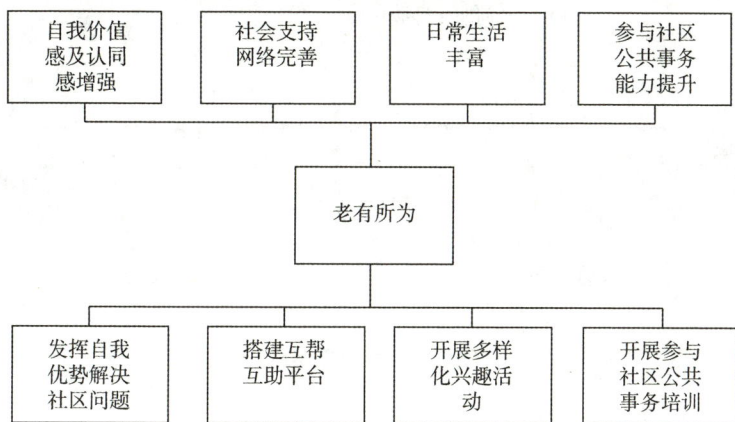

图 3-2　"老有所为"目标树分析

① 路易莎·戈斯林，迈克尔·爱德华兹. 发展工作手册：规划、督导、评估和影响分析实用指南［M］. 北京：社会科学文献出版社，2007：284-285.

(二) 目标设定方法之鱼骨图

1953 年，日本管理大师石川馨提出一种把握结果（特性）与原因（影响特性的要因）的极方便而有效的方法，称为"石川图"。是一种发现问题"根本原因"的方法，也是一种透过现象看本质的分析方法，因其形状很像鱼骨，所以称为"鱼骨图"或者"鱼刺图"。①

鱼骨图是一个非定量的工具，可以帮助社会工作者找出潜在引起问题的根本原因。它能不遗漏、不重叠地将影响问题的因素罗列出来，然后层层分析，以找出可能影响问题的根本原因，并在一张图中将问题的全貌展示出来。如图 3-3 所示，这其实是模板化解决问题的一种方式。用鱼骨图分析问题，可以使复杂的原因系统化、条块化，而且比较直观、逻辑性强、因果关系明确，便于把主要原因弄清楚，促使我们思考问题为什么会发生，从而使社会工作者在设计项目时聚焦于问题的原因，而不是问题的症状，针对原因从而明确项目服务的目的，以寻求更完善的解决方案。

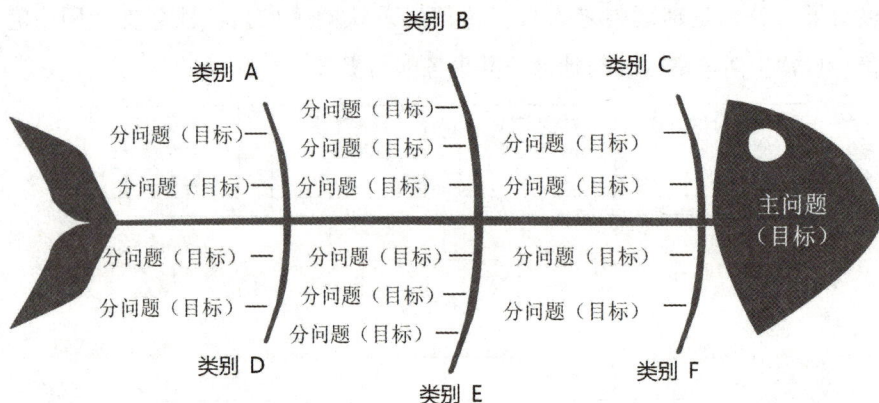

图 3-3　鱼骨图结构

使用鱼骨图目标设定方法有两个原则。

第一个原则是不遗漏、不重叠。所谓不遗漏、不重叠是指在将一个问题分解为不同的方面时，必须保证分解后的各方面符合以下要求：一是各

---

① 卡米雷特. 活动策划实战全书（图解版） [M]. 北京：电子工业出版社，2020.

方面之间相互独立。二是所有方面完全穷尽。

例如，以 D 街道社工站"居民参与社区公共事务少"作为主问题分析，从调研分析可以发现，主要是因为居民参与社区公共事务的积极性不高、能力不强，缺少参与社区公共事务的平台，辖区内自我服务氛围不强。社会工作者可以针对四个分问题找到造成这些问题的深度原因，如图3-4 所示。

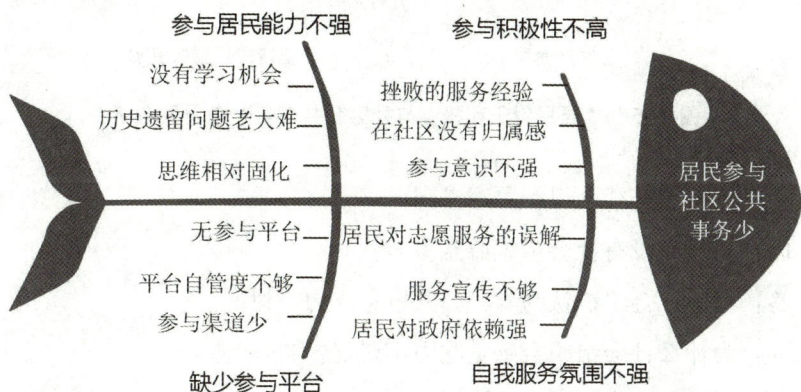

图3-4　"居民参与社区公共事务少"鱼骨图分析

在项目目标设定中，社会工作者可以通过将"居民参与社区公共事务少"这一主问题转化成"居民骨干积极参与社区公共事务"主目标，并对主目标进行拆解，相应地找到四个分目标：提升居民骨干参与社区公共事务的积极性，提升居民参与社区公共事务的能力，增加参与平台和增强自我服务氛围，再根据分目标深入分析找到子目标，如图3-5 所示。

第二个原则是根源分析法原则。根源分析法是指对差错的原因进行追踪调查，并进行分析，目的是揭示问题的根源，并找出相应的对策。根源分析法又称剥洋葱法，它像剥洋葱一样将问题"一层层地剥皮"，直至找到根本原因为止。要注意不要轻易地满足于想到的第一个答案，要持之以恒地寻找原因。

例如，以 D 街道社工站"居民参与社区公共事务少"为例，社工小李在撰写项目目标前，可以进行如下思考：

问：为什么居民参与社区公共事务少?

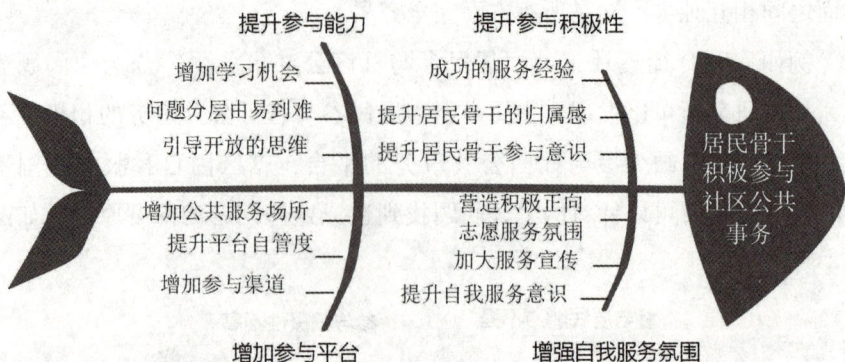

图 3-5　"居民骨干积极参与社区公共事务"鱼骨图分析

答：因为没有社会组织愿意参与。

问：为什么没有社会组织愿意参与？

答：因为社会组织认为参与公共事务吃力不讨好。

问：为什么社会组织会感觉吃力不讨好？

答：因为社会组织能力不够。

问：为什么社会组织能力不够？

答：因为在处理具体的社区公共问题方面，解决问题能力弱。

问：解决社区问题弱主要表现在哪些方面？

答：每次居民会议都变成了吵架——组织主持会议能力弱。

如果只问为什么居民参与公共事务少，那么社会工作者可能就会认为辖区内没有社会组织。而从 D 街道社工站需求分析可以发现，辖区内社会组织有很多，一个街道就有 30 个社会组织，所以社会工作者如果从建立社会组织方面下手开展服务是解决不了问题的。从增强居民骨干凝聚力开展工作也是解决不了问题的，只有把"组织主持居民会议能力弱"这个深层次原因找出来，"掌握组织主持居民会议的能力"，才能从根本上解决问题。

由此可见，鱼骨图是一种能够有效地帮助项目团队分解问题并分析问题根本原因的方法。做完鱼骨图后，社工站项目团队就可以开始制订行动方案或监控方案了。

三、周密思考，注意设定目标的细节

除了遵循 SMART 原则来制定项目目标以外，在目标设定的时候，还需要注意以下事项。

（一）目标应独立、不重叠

每个项目目标应该是独立的、边界清晰的，目标与目标之间不能纠缠、搅和在一起。相互重叠、边界模糊的目标难以指导社会工作者执行项目和实现目标。如：鼓励老人积极参加为老服务，邀请老人加入"一对一"的帮困服务，上述两个目标就重叠在一起，为老服务包括了帮困服务，容易让社会工作者在执行项目时感到困惑。

（二）目标应具有层次性

从项目结构的角度看，项目目标是分层次、分等级的。从管理学的角度看，项目目标可以分为项目战略性目标、项目收益目标和项目管理目标。从社会工作的角度看，项目目标包含长远目标（目的）、成果目标和过程目标。随着项目目标体系自上而下不断分解、细化，层层深入、层层落实，会逐步形成一个完整的、明确的、具体的、可实施的目标体系。

（三）目标应主次分明

服务对象的问题和需求有主次之分，服务目标也有主次之别。在设定目标时，应该分清楚哪个目标是主要的，哪个是次要的，并按照目标的主次顺序进行目标设置和书写，把最重要的目标放在最前面。以下为社区老人提供居家上门生活照料的目标就是按照重要程度进行排序的。

目标 1：鼓励社区活力老人为失能失智老人提供上门助浴、助餐、助洁、代办等日常照顾服务；

目标 2：发动志愿者为失能失智老人提供家电维修、管道疏通、卫生清洁等家政服务；

目标 3：通过链接专业力量为失能失智老人提供紧急救援、危机干预、心理咨询、医疗咨询等专业服务。

（四）目标不宜过多

社会工作者应该根据资源拥有情况和自身的能力来设置适当数量的目标（3~5个）。如果目标太多，现有资源和能力无法实现所有目标，社会工作者的积极性容易受到打击。目标太多也容易失去聚焦，目标的可执行性就会减弱。因此，与其设置那么多目标，不如在一个领域精耕细作，实现一个目标后再设置其他目标，层层递进。

第二节　筛选目标

有句话叫"选择不对，努力白费"，选择本身就是一种能力，我们今天的结果，来自你昨天的选择。同样，你今天的选择，也必将导致你明天的结果。所以，找准方向、选对目标比努力更重要。目标选错了，你付出的努力越多，就越偏离你想达到的方向。面对整个街道服务范围，面对多个主要领域和次要领域的服务要求，在经费及人员配置有限的情况下，项目设计中筛选适当目标就显得至关重要。下面介绍两种筛选目标的工具供大家参考。

一、SWOT 分析法

（一）定义

SWOT 分析法（也称 TOWS 分析法）又称为态势分析法，是 20 世纪 80 年代美国旧金山大学管理学教授海因茨·韦里克提出的，即基于内外部竞争环境和竞争条件下的态势分析，将与研究对象密切相关的各种主要内部优势、劣势和外部的机会、威胁等列举出来，把各种因素相互匹配起来加以分析，从中得出一系列相应的结论，而结论通常带有一定的决策性。[①]

SWOT 四个英文字母分别代表：优势（Strengths）、劣势（Weaknesses）、

---

① 刘洲．基于 SWOT 分析的黑龙江垦区粮食生产发展路径研究［J］．统计与咨询，2016（4）：31-33.

机会（Opportunities）、威胁（Threats）。其矩阵图如图 3-6 所示。SWOT 分析法最初是应用于对企业内外部发展形势的一种分析方法，随着应用领域的增多，如今也被应用于对某个项目或某个事件发展态势的分析。这种分析法通过对相关信息的调查分析，将与项目密切关联的内部优势、劣势和外部机会、威胁等主要情况逐一列出，依照一定的次序按矩阵形式排列，然后运用系统分析的研究方法将各因素相互匹配起来进行分析研究，从中得出一系列结论。本质上它是对内、外部条件进行综合概括，分析项目的优劣势、面临的机会和威胁，从而确定项目实施的已有条件和可行性，将项目的计划与本身具有的内部资源、外部环境有机结合。[①]

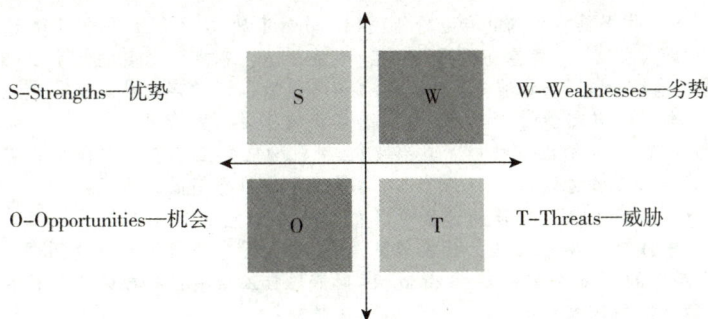

S–Strengths—优势　　S　　W　　W–Weaknesses—劣势

O–Opportunities—机会　　O　　T　　T–Threats—威胁

图 3-6　SWOT 分析法

在进行社工站项目设计的时候，对项目执行机构进行 SWOT 分析，一方面有助于厘清项目执行本身拥有的资源及外部环境的利弊，确保项目的规划和执行始终朝正确的方向开展；另一方面能够帮助项目团队更清晰地筛选适合项目发展的目标，能使项目设计后续的实施策略更具战略性及针对性。

具体来说，运用 SWOT 进行分析，项目执行机构需要回答以下四个问题：

SO——如何运用内部优势最大限度地发掘外部机会？

ST——如何运用内部优势来应对或规避外部威胁？

WO——新的机会是否产生于内部的劣势？

---

① 覃明兴，龙妮娜，罗智鸣 . 社会工作项目设计实例 ［M］. 长春：东北师范大学出版社，2018：85-86.

WT——机构的劣势是什么，如何应对外部威胁？

下面以 T 机构在 D 街道社工站开展的 "老有所为" 项目为例，进行 SWOT 分析。

案例分享

T 机构开展 D 街道社工站 "老有所为" 项目的 SWOT 分析

优势（S）	劣势（W）
1. T 机构社会工作者具有明确的专业价值理念，注重 "助人自助" "尊重与同理" "接纳与关怀"，有助于提升整体服务理念； 2. T 机构社会工作者都受过严格的专业训练，掌握必要的专业知识与技能，具有良好的专业素质和工作方法； 3. T 机构社会工作者曾经在 D 街道提供了 4 年服务，与 D 街道及各社区、社区居民都建立了良好的专业关系，熟悉街道情况，能够获取有效支持； 4. T 机构在 D 街道积累了一批长者志愿者，并培育了长者社会组织； 5. T 机构项目团队在开展老年人服务方面有一定的经验，并且有优秀的督导支持	1. 虽然 T 机构社会工作者都受过严格的专业训练，掌握了必要的社会工作专业知识和技能，但是存在社会工作理论知识与实践操作脱钩的情况； 2. T 机构社会工作者在工作中存在职业成就感及价值感偏低的情况； 3. T 机构社会工作者在接手社工站服务后的岗位设置存在操作困难的问题，需要同时兼顾社工站项目和社区 "三社联动" 服务项目； 4. T 机构社会工作者存在一定的流动性，不利于项目长期发展
机会（O）	威胁（T）
1. 国家政策强调加强乡镇政府服务能力建设，该省出台了针对性政策文件支持社工站的发展； 2. 乡镇（街道）基层民政系统存在力量薄弱的现状，社会工作者是很好的补充力量； 3. 在困境老人低保救助中存在着一定的福利依赖现象，社会工作者可以在治理社会福利依赖方面发挥作用； 4. "一老一小" 的民生问题得到社会各界的广泛关注； 5. 目前社会工作吸纳的就业人口还不到 1%，具有大量后备人才队伍； 6. D 街道目前关注老年人服务，且辖区内存在 30 多个老年人社会组织	1. 我国社会工作行业的发展较多地引入了西方社会工作的理论和方法技能，本土化不强； 2. 整体行业工作报酬低，行业流动性大； 3. 社会工作专业在我国的发展时间较短，社会认同度低； 4. 社工站招投标存在变数，若第二年未中标，项目资金的可持续性、稳定性不能保证； 5. 社工站服务同质化严重，对项目品牌服务要求高，服务成效难以在短时间内呈现

通过以上对"老有所为"项目进行的 SWOT 分析可见，T 机构实施该项目所具备的优势和机遇是很充足且有力的。虽然存在一定的劣势和威胁，但这些强有力的优势条件足以支撑机构去克服项目中的各种困难，并且这些困难是可以被克服的，这些威胁是可以一步步解除的。另外，当前还存在一定的机会，能够帮助 T 机构更好地开展此项目。可以确定的是，充分的优势和强大的机遇足以支撑 T 机构开展该项目服务。

那么，在进行完项目 SWOT 分析之后，如何对项目设计的目标筛选提供支持呢？从 SO 组合来看，T 机构对 D 街道的熟悉程度、长者的培育、社会组织的发展等方面都具有一定的优势，同时 D 街道在老年人服务方面也已经奠定了一定的基础。因此，在筛选项目目标时，为老年人提供参与社会服务的平台，可以将目光放在 D 街道老年人社会组织的发展上，即放在 30 个社会组织的优中选优上，而不是培育老年人社会组织。

(二) SWOT 分析注意事项

1. 优势视角

社会工作者在进行项目 SWOT 分析时，不能"扬长""补短"同等对待，要把有限的资金和精力放在优势上，这样优势会被放大；如果把有限的资金和精力放在劣势上，可能劣势永远弥补不了。因此，在筛选项目目标时，如果哪几个目标或者哪一个目标的实现对机构或者项目团队是具备优势的，是能够及时带来正向的、积极的改变的，那么就可以把这样的目标放在项目前期，或者优先选择。

2. 关注项目执行机构的相对优势

从社工站项目执行的战略高度看，由于项目执行机构的资源和力量总是有限的，因此不能去追求机构在项目实施中具有全面优势，而应关注机构在项目执行中的相对优势。因此，社会工作者在筛选目标时，目光可以重点放在机构与项目实施及服务对象需求满足相匹配的优势上，对于项目执行中存在的劣势则要想办法去克服。

二、参与式需求排序法

参与式需求排序法的主要理念是通过鼓励服务对象参与项目目标设定

工作，使得服务对象，尤其是困难群体，如老人、妇女、儿童，能够更直接地参与项目目标设定过程。参与式需求排序法不同于以往的自上而下的工作方法，它是在充分尊重服务对象的基础上，以服务对象为中心，从优势视角出发，尽可能多地听取他们的意见，让他们成为项目主体。在社会工作发展实践和研究领域，社会工作者们一直致力于增加服务对象在发展过程中的参与程度，参与式需求排序法就体现了这一点。这一方法也适用于社工站项目设计中项目目标的筛选。

在实际操作中，参与式需求排序具有以下步骤：

第一步：组织会议。组织社区会议，要求目标对象（利益相关方）参与；把参与者分成小组（7~8人一组），为每人准备一张白纸和一支笔。

第二步：筛选三个最重要的需求。参会成员每人把自己的需求写在纸上（尽最大可能提出需求，不受时间、金钱、是否可行的限制），然后以组为单位统一收集交给下一组。收到上一组写的需求后，小组成员进行讨论，挑出三个他们组认为最重要的需求，最后将三个需求按照需要程度排列顺序。

第三步：分享讨论结果。每组派一名代表与大家分享讨论的结果，主要从"小组选择了哪三个需求？顺序是什么？为什么？"三个方面来讲，并记录在大白纸上，方便让所有的人看到。

第四步：回顾和总结。把选出的需求列在一起，大家再作一次选择，把最需要解决的、最重要的需求优先排列。这样做的目的是优先选出最重要且能够实现的需求，并制订行动计划，以后有了资源再解决其他需求。

需求优先次序的选择通常用的是"打分制"，在充分听取参会人员意愿的前提下，以少数服从多数的原则来作决定。在"打分排序"时，需要注意以下几点。

第一，根据项目目标群体及项目要求选择出排序者（参会者）。

第二，通过调查与访问确定排序对象和标准。

第三，可对目标群体按类别进行分组，先分别进行排序，然后再进行整体排序。

第四，尊重排序者，尽量不打断排序的过程，项目人员要尽可能协调监督排序顺利进行。

第五，排序的主题、讨论顺序、衡量标准应根据工作的需要由项目人员提前确定。但是在作决定前，必须征求参会者的同意。当然，"打分"也可以用一些其他的投票方式进行，例如，投石子、投稻草、举手等。

第六，排序的结果是决策的参考依据，应尽可能作为积极因素对项目设计产生影响，但还是应该根据项目整体状况作出最后的决定。因为参与排序的人所给出的结果不可避免地会受到自己本身的生活经历、家庭背景以及所处的立场和态度的影响，不一定能够代表大部分人的意见。

案例分享

Q 小区社区治理项目

Q 小区成为 A 社区老旧小区改造项目试点之一。小区改造除了政府出资、社会资本运作外，还需要多方动员居民参与改善小区环境，加强小区"软件"建设。在项目设计之初，社会工作者小李走访了小区、社区居委会、物业负责人、居民骨干等利益相关方以了解需求。主要反映的问题有：小区电动车充电桩设置问题、小区卫生脏乱差问题、下水道堵塞问题、楼顶漏水问题、小区宠物犬伤人问题、停车难问题、公共娱乐设施问题等。小李决定根据参与式需求排序步骤确定项目前期（4 个月）需求及目标。

组织社区会议前，小李与小区居民、社区居委会沟通，根据项目跟进需要明确参会目标对象：社区居委会代表、提质改造项目承接单位代表、施工单位代表、居民代表、物业代表、项目人员（社会工作者），共 15 人参与。随后确定会议主题：社区治理项目亟须回应的问题——确定项目目标及优先顺序。在这里，小李明确议题通过的衡量标准时，得到了各利益相关方的认可，并且他们都愿意参与和共同解决问题。

在社区会议召开过程中，小李作为项目的设计者，在前期进行项目调研的基础上，初步设定了项目目标的方向。为了使项目目标更切合服务对象的需求，小李运用参与式需求排序的方法主持了此次会议。会议流程及具体内容如下：

第一步：项目人员（社会工作者小李）作自我介绍，并简要介绍会议的目的和内容，第一次征求参会者意见。参会者都认为本次会议很有意义，并且认同会议流程和衡量标准。同时，小李将参会人员进行分组。

第二步：由参会者讨论现在亟须解决的公共问题，选出其中最急迫的三项作为项目目标，进行优先次序排列。

在会议现场，小李组织参会人员分组对目前社区存在的公共问题进行"打分排序"。在会议开始前，小李收集到的公共问题如上文所示：小区卫生脏乱差、小区楼顶漏水、部分家庭下水道堵塞、社区缺少公共活动空间及娱乐设施、小区缺乏充电桩（设置点意见不一）、小区宠物犬伤人、小区缺少停车位等。

第三步：对打分结果进行讨论，分析为什么这么排序。

各小组将自己对社区公共问题的打分情况进行公示，并且现场告知打分排序的原因。在听取了各小组的分析之后，小李组织大家进行统计，最终得出的问题排序结果为：1. 楼顶漏水问题；2. 小区电动车充电桩设置问题；3. 小区宠物犬伤人问题。

原因如下：因为近期经常下雨，所以最需要解决的是楼顶漏水问题，已经影响到顶楼居民的生活。居民在电动车充电桩设置点的问题上分歧比较大，充电桩迟迟没有安装，导致很多居民的电动车无法充电，甚至部分居民为了充电自己牵"飞线"，存在严重的安全隐患。近期小区出现了 2 次宠物犬（部分居民不牵狗绳）伤人事件，影响到居民的安全，宠物犬伤人问题也亟须解决。

第四步：进行回顾和总结。小李把选出的需求列在大白纸上，并商讨如何解决。

1. 楼顶漏水问题解决方案：（1）居民提出房屋漏水的具体地点；（2）由社会工作者收集；（3）再由施工单位、提质改造项目承接单位、社会工作者、社区工作人员上门查看确定解决漏水问题责任方，统计漏雨点；（4）由施工单位派人维修；（5）居民代表反馈。

2. 小区电动车充电桩设置问题解决方案：（1）通过居民会议，筛选小区可以设置电动车充电桩的点；（2）由施工单位技术部说明居民意见的可行性；（3）协调相关居民意见；（4）确定并设置电动车充电桩。

3. 小区宠物犬伤人问题解决方案：（1）社会工作者在小区以活动的形式倡导小区居民文明养犬；（2）由居民反馈养犬的家庭，社会工作者与居民代表上门劝导；（3）查阅相关政策资料，寻求派出所警察支持；（4）创建小区文明养犬公约。

需要注意的是，在运用参与式需求排序法对项目目标进行筛选时，社会工作者应提前做好"功课"，对社工站项目的需求及目标有一个大致的思考。这样在召开社区会议时，就能够把握住项目的整体方向，而不是完全被参会者牵着鼻子走；同时，也能够确保在会议现场将目标筛选出来，而不是开完会之后议而不决。

第三节　确定目标

社工站项目的目的和目标通过目标树、鱼骨图、SWOT 分析、参与式需求排序等方式设定和筛选之后，并不意味着社会工作者就可以高枕无忧了，应在此基础上进一步思考并确定目标。在确定目标之后，还应对目标进行检视，以验证目标设定是否合理。

一、明确目标，找准方向

一线社会工作者需要注意，项目的目标包含目的和目标两个层面。目的是宏观的、方向性的、纲领性的长远目标。目标是为达到目的而实现的可执行的、可操作的、可测量的具体指标。

例如：

社工站"老有所为"项目的目的之一是为社区中的老年人提供社区参与的平台。

该目的可操作的目标为：

目标 1：打造一个集文化娱乐和居民议事于一体的综合性公共空间；

目标 2：每位活力老人至少参加 4 场社区集体活动；

目标 3：在活力老人与困境老人之间建立"一对一"帮扶体系；

目标 4：60%的活力老人能够参与困境老人的居家养老服务。

从上述举例中可以看出，目的更为"高大上"，它是项目期待达到的终极状态，不受具体的、可测量的严格要求，只需指明整体方向即可；①而目标是目的的具体化，只有实现了目标，才能实现目的，目标严格遵守 SMART 原则，能够具体化、数量化、可测量化。

为了更好地满足项目目标设定的要求，一线社会工作者可以运用 SMART 原则来指导。具体分析如表 3-1 所示：

表 3-1　SMART 原则阐释表②③

原则	说明
Specific（具体的）	目标需要具体说明范围，回应问题，避免模棱两可
Measurable（可测量的）	将目标数量化，用量化的数字表述目标，如百分比、频次、人数、数量等
Attainable（可达到的）	社会工作者需根据能力和资源情况来设定目标，确保目标能够实现，不能把目标设置得太高或太低
Relevant（相关的）	目标与项目要达到的效果相关，与项目相关，避免出现目标实现但问题没解决的后果
Time-bound（有期限的）	目标规定了在一定时间内完成

① 项目臭皮匠. 项目百子柜：一本社工写给同行者的工具书［M］. 北京：中国社会出版社，2016：127.

② 杨侃，等. 项目设计与范围管理［M］.3 版. 北京：电子工业出版社，2020：103-104.

③ 同①.

（一）明确性：清晰、明确、具体、易于理解

明确性是指项目目标能用具体的语言清楚地说明要达到的行为标准。目标设置要对工作项目、衡量标准、达到措施、完成期限以及资源进行说明。模棱两可的项目目标无法在项目利益相关方与项目成员之间有效传递，不明确的项目目标也常常导致项目团队在项目实施过程当中迷失方向。很多社工站项目管理者认为自己的项目目标实现了，可是出资方或者利益相关方还是觉得距目标实现有一定距离，原因就在于没有一个清晰的目标让大家明确工作方向。

示例：提升居民骨干参与社区公共事务的能力

示例说明：居民骨干参与社区公共事务的能力有哪些？这些能力都需要提升吗？居民通过什么样的方式来提升能力？居民怎样才算具备参与社区公共事务的能力？是作为协助者参与，还是作为带领者参与？

问题：目标不明确、不清晰、不具体，没有办法设定衡量标准。

建议修订：通过培训、模拟训练、实操的方式，提升居民骨干参与社区公共事务的能力，并能够带领居民成功召开一次居民议事会。

（二）可衡量性：不是空泛的，而是可以通过某种方式衡量的

项目目标的可衡量性应该遵循"能量化的量化，不能量化的质化"的原则，使设计项目目标的人与评估项目的人有统一、清晰、可衡量的标准。项目目标可以从数量、质量、时间、服务对象等方面设计，从而衡量目标是否达到。一般而言，可衡量性可以从两个角度进行评价：一是分析测量指标的内涵是否具有统一的、标准的解释，即评价指标的统一程度；二是分析测量指标的评价方法是否采取量化方式，即评价指标的量化程度。如果项目目标不好衡量，可以将目标细化成分目标之后再衡量。还是不能衡量的，则可以将完成目标的工作流程化，社会工作者和评估方可以去衡量服务的流程化是否到位。

示例：提升老年人参与社区服务的意识

示例说明：提升老年人参与社区服务的意识比较宽泛，该怎么衡量？怎么样才算提升了老年人参与社区服务的意识？所有老人都需要参与吗？行动不便的老人也要参与吗？参与方式是协助活动、带领活动，还是只要作为服务对象参与就行？如果是在一个居民不愿参与社区服务的社区开展服务，让所有老人都能参与社区服务可行性强吗？

问题：目标没有可衡量的标准，也无法评估目标是否达到。

建议修订：50%的低龄老人认为老年人应该发挥余热，参与社区服务（意识），并且有20%的老人积极协助活动（行动）。

（三）可达到性：不是纸上谈兵，而是通过努力可能实现的

目标的可达到性是指目标通过努力可以实现，也就是目标不能确定得过低和过高，过低了无意义，过高了实现不了。可以制定跳起来"摘桃"的目标，但不能制定跳起来"摘星星"的目标。在制定项目目标的时候，一定要切合实际，切忌好高骛远。如果制定的目标根本无法实现，就会给项目团队带来很大的伤害，还会打击团队士气。如果制定的目标过于简单，也会影响项目团队的工作积极性，可能导致敷衍开展工作和服务。项目目标的制定需要难度适中，给项目团队一定的挑战和压力。

示例：高效整合社区所有资源，并能够全部参与困难群体帮扶服务

示例说明：在目标设定时，谨慎使用"全部""所有""一切"等词语，特别是我们需要思考目前阶段项目服务基础有哪些，在有限的时间内，是否能够达到设定目标？整合所有资源，社会工作者首先想到的是：我们了解资源由哪些组成吗？我们都很清楚辖区内所有资源包含了哪些吗？所有资源都能够运用于此项目吗？只要我们努力了，所有的资源都会愿意参与对困难群体的帮扶吗？

问题：目标定得太高，无法达到，等于没有目标。

建议修订：项目第一年走访社区企业20家，并能够成功邀请5家企业参与对困难人群的帮扶。

（四）相关性：与总目标直接相关，有逻辑联系

相关性指项目目标体系内部之间具有相关性，例如总目标与分目标之间，分目标与分目标之间，长、中、短期目标之间。目标的设定对社工站项目实施策略的选择具有一定影响。项目目标要和服务对象的核心需求相关，非项目相关的服务或不是单个项目能够完成的服务，不能设定为项目目标。另外，在制定项目目标的时候，也要考虑一个目标与其他目标的相关情况。如果设定的单个目标与其他目标完全不相关或者相关度很低，即使这个目标达到了，对项目本身的意义也不大。同时，设定目标的时候要考虑达到目标所需要的相关条件，这些条件包括项目团队情况、执行机构资源、乡镇（街道）条件、利益相关方等。

示例：居民骨干完成 10 次培训，提升居民骨干参与社区事务的能力

示例说明：工作目标设定要与成效相关，参与 10 次培训就表示居民骨干参与社区公共事务的能力提升了吗？实现这个目标与居民骨干参与社区事务，解决社区问题相关联吗？

问题：实现没有意义的目标就等于浪费时间。

建议修订：居民骨干通过培训、实训的学习，掌握社区公共问题处理流程和技巧，能够成功处理 1 个社区公共问题。

（五）时限性：是有时限的，需说明在某个时期或时点要实现的状况

时限性指目标设置要具有时间限制，根据工作任务的权重、事情的轻重缓急，拟定出达到目标的时间要求，并定期检查项目的完成进度和调整工作计划。项目是在一定的时间和一定的预算内要达到预期目的的一次性活动，这就决定了项目目标具有很强的时间性。在这里，社会工作者可以依照不同期间设定阶段性目标，如年度、季度、月度目标。

示例：定期开展老年人兴趣类活动，丰富老年人精神文化生活

示例说明："定期"这个词比较笼统，无法衡量，定期是指什么时候？

问题：无具体时间限制。

建议修订：每月开展1次老年人兴趣类活动，丰富老年人精神文化生活。

二、检视目标，对焦服务

检视目标指的是在项目设计中明确服务目标之后，社会工作者要"回头看"，整体回顾整个目标设计过程，以确定目标是匹配整个项目方案的，并且能够对焦到相应的服务策略。在检视目标的时候，社会工作者需要遵循以下原则。

一是服务对象参与原则。一线社会工作者要注意与服务对象一起检视目标，通过提问的方式来询问服务对象目标是不是他/她所期待的、目标是否满足了其需求、是否还有没考虑进去的目标等。

二是过程-成效相结合原则。既要从成效的角度来审视目标能否解决问题，也要从过程的角度来判断目标能否执行、如何执行。

三是可持续性原则。目标不能只有短期性，还需要从可持续发展的角度来审视目标，看目标能否促进服务对象的能力提升、能否推动社区环境的改变、能否倡导社会政策的调整等。赋能、主体性、发展等关键词是帮助确定目标的可持续性特征的重要线索。

在上述原则的指导下，检视目标可采用3层提问的方式来进行：

第一层：问目标是否聚焦。目标回应了哪个需求？目标是否与问题相关？目标能否解决问题？目标有没有遗漏？等等。

第二层：问目标的成效。改变范围与原来的设想一致吗？目标是否站在服务对象的立场？目标能解决哪个问题？目标是否具有可持续性？目标是否过多，影响服务成效？等等。

第三层：问目标的细节。目标是否出现了重叠？目标是否排序？目标是否量化？目标是否正向陈述？目标是否有时间限制？等等。

当社会工作者通过提问的方式与服务对象共同审视目标之后，如果目标符合SMART原则，能够解决服务对象的问题，满足服务对象的需求，也是资源和能力允许的范围内可达到的目标，则可完成目标设计。在后续服务内容的设计以及服务执行过程中，如果有新的想法，或者问题和需求发生了变化，仍可调整服务目标。

···

　　D 街道下辖 4 社区 3 村，面积 9.91 平方千米，常住人口 5.45 万，其中：70 岁以上老年人 3500 多人，80 岁以上高龄老人 1300 多人，有 3 个社区 60 岁以上的老年人口数占人口总数的 30% 以上，社区老龄化程度高。因老年人口多，D 街道及各社区均重视养老服务。近年来，各社区利用惠民资金通过购买服务引进了 5 家社会工作服务机构为社区困境老人提供养老专业服务，形成了"百姓议事会""乐龄之家""龙情汇"三社联动志愿服务等老年人服务品牌。同时，社区居委会积极鼓励社区老人组建老年人兴趣社团和自组织共计 39 个，引导老年人发挥自己的优势和自我服务能力的同时，也鼓励活力老人为社区困境老人和困境儿童提供力所能及的服务。

　　T 机构的社会工作者小李通过调查了解到，D 街道在养老服务上的需求有三个方面：

　　①基本服务需求。包括：基本的医疗服务和居家养老服务；娱乐休闲活动；情感陪伴和精神慰藉。

　　②老有所为的需求。为老人提供实现价值的平台，提升老年人自组织的服务能力。

　　③打造养老服务精品项目。

　　因此，小李结合区民政局有关社工站项目的总体规划和要求，从"老有所为"的主题出发，根据 D 街道已有的服务项目基础和需求，从"一平台一精品"的角度设置了以下目标体系。

　　总而言之，在进行了问题的诊断和项目需求的评估后，找准服务目标，是社工站服务不偏航的重要保证。实施社工站项目就如同在大海里巡航一样，在进行项目设计时，如果没有找准方向、明晰目标，那么在运作和管理过程中，就会非常有难度，容易偏航，同时对于社会工作者开展服务的信心也会有很大影响。因此，找准目标才会有好的社工站项目。一线社会工作者在设计项目之前，一定要花一定的时间和精力去找寻项目具体

```
        ┌─────────────────────────────────────┐
        │  D街道社工站"老有所为"项目目标          │
        └─────────────────────────────────────┘
          ┌──────────────┴────────────────────────┐
┌─────────────────────┐      ┌─────────────────────────────────┐
│  建设一个"创优"平台    │      │ 开展一次"伙伴关系营"精品服务(在活力  │
│                     │      │ 老人与困境老人之间建立伙伴关系)    │
└─────────────────────┘      └─────────────────────────────────┘
```

|建立一个为老服务资源库,为养老服务提供资源支持|组建一支讲师智囊团,为品牌打造提供专业支持|每月为各社区老年人自组织提供一次能力培训|年度内为开展养老服务项目的社区提供至少两次品牌打造咨询服务|每周为"伙伴"提供一次上门居家养老服务(精神慰藉、情感陪伴、生活照料等)|80%的老人参加4次以上的社区集体活动|链接专业力量为社区老人提供护理知识培训,90%的参与者掌握初级养老护理知识|

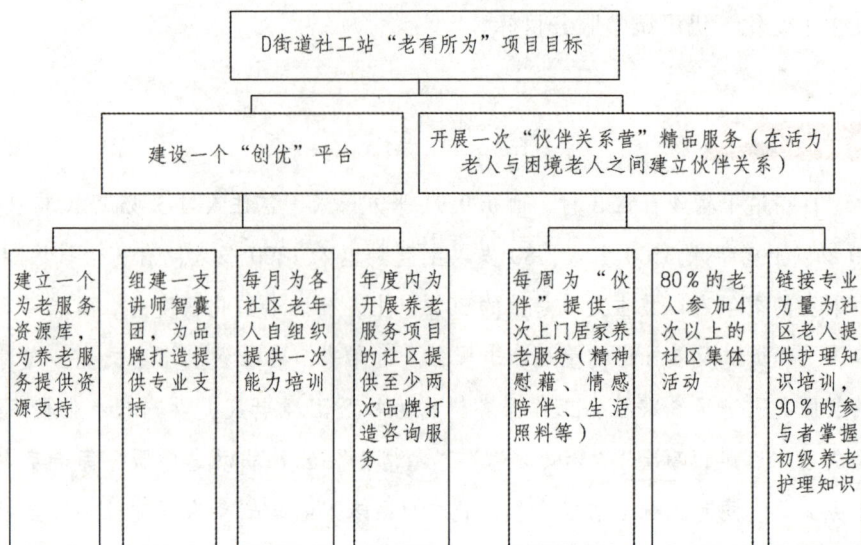

的问题有哪些,明确项目的目标是什么,这样才能设计出一个好的项目。

在目标确定后,并不是就万事大吉了,社会工作者需要在后续服务设计中复盘,同时在项目实施中经常对阶段性目标进行评估总结。一方面,能够保证项目设计不偏离主线,围绕项目的需求及目标而展开。另一方面,能够去评估项目目标设计是否合理,能够给一线社会工作者相应的服务方向指导,并且在这个过程中帮助社会工作者梳理服务开展中的问题与经验。对深度参与的工作和持续提供的服务不断进行复盘反思,是一种非常有效的工作方式,能够帮助社会工作者从直接经验中归纳总结某种规律,从而能够运用在未来的工作实践中。所以,在社工站项目设计中,目标确定后,要经常对各阶段目标进行评估和总结,思考目标设置的合理性。如果没有完成目标,就应找到其原因和障碍,或者重新修订目标,或者找到对策和方法,从而高效优质地实施社工站项目。

第4章

如何做好项目内容设计

在督导的指导下，小李摸清楚了 D 街道活力老人和失能失智老人的服务需求，并和社工站的同事一起，运用问题树、目标树和 SMART 原则等工具梳理了"老有所为"项目的目的和目标，项目方案顺利进入了第三个阶段：设计服务内容。

对于活动设计，小李信心满满，因为他有丰富的小组、社区活动带领经验。他平时喜欢看实务和案例类的书籍，经常在杂志、网站和公众号上下载社会工作实务文章和报道，积累了非常多的服务活动素材。于是，小李按照"入户走访""个案服务""小组工作""社区活动""志愿者服务""资源链接"等 6 个板块将服务活动快速设计好，并交给机构项目主管审核。很快，项目主管给了他回复。主管认为他设计的服务活动没有很好地回应目标、活动非常零散、服务活动缺乏新意，所以希望他重新设计。

小李听后既难过又迷茫，再次向督导求助，督导建议他好好学习服务活动设计的相关知识。

本章将围绕如何设计既系统又有新意的项目服务活动内容进行知识梳理，让一线社会工作者在目标指引下，掌握服务策略和方法制定、服务活动内容细化与创新、服务进程编排等环节的具体原则、方法和注意事项等知识。

第一节　选择服务策略与方法

随着项目目的和目标的确定，选择什么样的服务策略和服务方法来执行和实施目标就摆在社会工作者的面前了。根据什么来选择项目的服务策略和方法，如何选择服务策略和方法，就是此阶段需要重点解决的问题。

一、依据什么来选择服务策略与方法

项目服务策略和方法属于项目规划的范畴，是一系列落实目的和目标的原则和方法。按照项目规划的逻辑，项目的目的和目标、项目的策略和方法均根据项目的理论和框架来设定。因此，要选择合适的服务策略和方法，首先就需要明确项目的指导理论和总体框架是什么；其次，在理论框架下设计服务策略，服务策略和方法不能脱离理论和框架范畴。

知识链接

项目规划的内容包括：[①]

- 项目指导理论
- 项目总体框架
- 项目目的和目标
- 项目策略与方法

（一）在项目理论中寻找服务策略

社会工作实践理论从哲理层面可划分为 4 个范式：实证传统、激进传统、人本传统、社会建构传统。每个范式下包含多个理论模式，而每个理论模式都可以从理论脉络、概念框架、实践框架、贡献和局限 4 个层面进行理解，[②] 其中服务策略和方法就包含在实践框架中。在项目方案设计中，服务策略和方法的制定需要从选择的实践理论中获取灵感，尤其是实践理论中的实践框架和实践原则是服务策略和方法的重要来源。

如下述案例所示，社会工作者采用了危机干预理论进行个案介入，其制定的服务策略："及时处理""限定目标""整合资源""输入希望"，正是危机干预理论中的干预原则的内容。

---

① 童敏．社会工作专业服务项目的设计：实践逻辑与理论依据［M］．北京：社会科学文献出版社，2020：213.

② 何雪松．社会工作理论［M］．2 版．上海：格致出版社，2017：7.

案例分享①

　　Y，男，四川人，25 岁，未婚。2015 年 2 月，Y 因突发脑出血在上海某三甲综合性医院就诊并接受手术治疗，术后诊断为脑动静脉畸形。此后几年间，因头痛反复发作多次入院接受治疗。2017 年 1 月，患者突发头部胀痛伴意识不清，四肢抽搐，持续 3 小时，危急情形下被 120 及时送到上海某医院急诊神经内科就诊。住院期间，患者担心医疗费用问题，情绪焦虑，在医护人员提示其及时缴费以免影响用药治疗后，Y 对医护人员产生误解和不信任感。因对疾病的不正确认识，患者无法认识到"绝对卧床"对其康复的重要性，依从性差，存在颅内再次出血的危险。故神经内科主任将其转介至社会工作部，希望医务社会工作者可以提供帮助。

　　社会工作者运用危机干预理论对服务对象的问题、需求进行了分析，并从情绪疏导、经济援助、建立家庭支持网络、提高治疗依从性和自信心等层面确定了服务目标。为实现上述目标，设计了以下个案服务策略。

　　第一，及时处理。针对服务对象无法理解"绝对卧床"医嘱对自身的重要性，从而存在颅内再次出血、威胁生命安全的危急情况，医务社会工作者需首先帮助服务对象处理此危急情况，通过解释、澄清技巧，以同理的态度，帮助服务对象理解遵从医嘱，对目前出血刚刚得到初步控制的他来说十分必要和重要，让其看到治疗期间医生、护士共同作出的努力，使其配合治疗，降低出血风险。

　　第二，限定目标。重点在于解决问题，医务社会工作者需充分发挥面谈与交流技巧，通过与医护人员及服务对象交流，全面了解服务对象当前面临的困境与需求。在有限的介入时间内，评估服务对象的首要问题，继而制定可行目标。

　　第三，整合资源。服务对象住院期间存在的需求和问题，除了医疗健康需求，还有疾病治疗造成的心理压力、经济压力。医务社会工作者发挥

---

　　① 王成艳，杨瑛，徐荣，等 . 危机介入模式下临床个案服务案例分析：以医务社会工作者对神经内科脑动静脉畸形患者的个案服务为例 [J] . 中国社会工作，2017（27）：44–49.

资源链接者与服务直接提供者的作用，为服务对象提供情绪支持、家庭支持、经济支持，满足服务对象多方面的需求。

第四，输入希望。医务社会工作者运用鼓励、支持、同理心等服务技巧，引导服务对象关注治疗期间的进展，激发其改变愿望，使其建立疾病康复的信心。

知识链接

危机干预理论的干预原则：

1. 尽可能在最短的时间内主动提供协助；

2. 同时进行诊断与处置；

3. 处置有时间限制，是短期的；

4. 扮演积极角色；

5. 限定工作目标；

6. 提供实用的资讯与实际的支持；

7. 动员社会支持；

8. 鼓励表达情绪、症状和担忧；

9. 支持有效的处理，让当事人感觉到自己还是有能力的；

10. 提出认知方面的议题，对其经验做面质；

11. 必要时需使用药物。

当然，就一个服务项目而言，因为项目时间跨度大，服务的人群比较多，服务的范围比较广，通常一个指导理论无法涵盖服务项目的所有活动安排，会从微观、宏观等不同层面选择多个理论作为项目的指导理论。[①]此时，项目的服务策略需根据项目聚焦的问题、需求和目标对多个理论的实践原则进行综合。如：D街道的"老有所为"项目选取了活动理论和优势视角两个理论构建理论框架，以此形成了以下服务策略（见图4-1）。

———————————

① 童敏. 社会工作专业服务项目的设计：实践逻辑与理论依据［M］. 北京：社会科学文献出版社，2020：225.

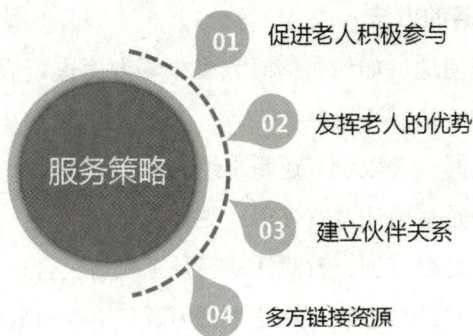

图 4-1   D 街道社工站"老有所为"项目服务策略

其中，促进老人积极参与、让老人与社会保持密切的联系是老年活动理论的核心观点和原则，而发挥老人的优势、让老人之间建立互助互惠的伙伴关系、链接外部资源等均为优势视角的干预原则。

（二）服务策略和方法需与项目目标相契合

服务策略和方法作为落实目标、执行活动的一系列原则和方法，在制定过程中除了要依从项目指导理论的内在逻辑和实践原则，还需考量服务策略和方法的选择是否能够实现目标、最终解决问题，亦即需要依据目的和目标来综合、筛选甚至创新服务策略和方法。上文 D 街道社工站"老有所为"项目的服务策略的四个方面，与项目"建设一个'创优'平台"和"开展一个'伙伴关系营'精品服务"两个目的，以及下设的 7 个目标非常契合（详见第 3 章第三节"案例分享"部分）。

二、如何设计服务策略与方法

严格来说，服务策略与方法包含两部分内容：一是服务策略，二是服务方法。服务策略内置于项目的理论之中，多可从理论的核心观点和实践原则中寻找到踪迹。服务方法除了可以从理论中获取，如以理性情绪治疗模式为指导理论，无疑是微观层面的个案工作方法，具体的方法和技巧也更多引自理性情绪治疗模式的干预技巧，如心理诊断、领悟、修通、再教育、家庭作业等；还可以根据服务的需要进行拓展，即方法可以突破理论的边界，只要有利于项目活动的执行和目标实现的方法都可以采用。

（一）构思服务的方法

需要从何人、何地、如何、何时、多少等方面进行服务方法构思，以期选取最为有效的方法：[①]

考虑参与人数时，是以个人还是小组的形式更合适？

考虑地点时，是室内还是室外形式更合适？

考虑形式时，是以培训、游戏活动还是工作坊更合适？

考虑介入手法时，是心理治疗还是行为矫正更为有效？

考虑时间时，何时进行、多长时间会更合适？

如：D街道社工站项目中，需要为各社区的老年人自组织成员提供能力培训，依据上述方法构思的要素，可以帮助社会工作者找到方法。如表4-1所示：

表4-1　D街道社工站服务方法

要素	方法
人数：7个社区，39个自组织，涉及人数近800人	方法1：知识讲座（针对所有人开展，也可针对自组织领袖开展）； 方法2：工作坊（针对自组织的负责人，或者每个社区的自组织成员形成小组，开展7个工作坊）
地点	室内
形式	培训、工作坊
介入手法	成长、能力提升
时间	大部分自组织成员皆有空的时间； 知识讲座2小时以内； 工作坊：12次以内

通过要素分析，我们可以看到为老年人自组织提供能力培训可以选择两种方法：一是社区工作中的知识讲座；二是小组工作中的教育小组—工作坊。两种方法都可以按照受益对象的不同细化为：针对自组织领袖开展的知识讲座或工作坊；针对自组织成员开展的知识讲座或工作坊。区别在

[①]　项目臭皮匠. 项目百子柜：一本社工写给同行者的工具书［M］. 北京：中国社会出版社，2016：137.

于，工作坊容纳的人数更少，周期更长，因此更适合在每个社区开展。

（二）选择服务的方法

对服务方法有了构思之后，社会工作者需要进一步根据以下 5 个要素进行方法的选择。

1. 出资方的指标要求

目前，在政府购买服务中，出资方会将项目任务用方法操作成指标量。如 F 区的采购文件中的具体指标如下：

根据各标段的特点和重点服务对象需求，每个项目至少开展大型社区活动 1 次（老年人、其他居民参与不少于 200 人）、中小型社区活动 2 次（老年人、其他居民参与不少于 60 人）、小组 4 个（每个小组不低于 20 人）、个案 4 个（每个个案服务次数不低于 6 次）；每月走访次数不少于 10 次，服务总次数在 300 人次以上；组建志愿者队伍不少于 2 个，开展志愿者培训不少于 2 次；链接资源不少于 5 万元。

社会工作者需根据上述指标要求去合理选择方法，以社工站"老有所为"项目老年人自组织能力建设为例，因其他板块的内容缺乏社区活动的设计，社会工作者宜选择通过知识讲座的形式来为自组织中的老年人提供培训，从而补充指标上的不足。

2. 现实环境

需结合当下国家大环境和地方小环境来综合选择方法。如目前全国仍处于新冠肺炎疫情防控期，为避免大型社区活动带来的感染风险，一般要谨慎选择大型集体活动。另外，需要考虑街道、社区的中心工作、需求、场地、各社区之间的距离等因素来选择合适的方法。

3. 目标对象的意愿

需要在了解目标对象如服务对象、志愿者、自组织的成员等的参与意愿基础上选择服务方法。如社工站"老有所为"项目的自组织能力培训，社会工作者通过多次走访各社区居（村）委会及社区中的老年人自组织成员发现，大家更愿意和本社区的老人在一起培训或参加小组活动，而不愿意参加大型的知识讲座，认为人多、距离远、效果又不好。根据目标对象的意愿，社会工作者最好选择以社区为单位开展小型知识讲座或者工作坊。

4. 资源和能力

资源包括活动经费、人力（社会工作者、志愿者、培训老师等）、场地、组织等方面。能力主要指社会工作者的活动设计、组织、协调、沟通、领导等经验和能力。通过资源和能力评估，选择最佳服务方法。

5. 效果预估

除了要从成本上考虑服务方法，还需要从效果层面来选择服务方法。社会工作者需要十分清楚社会工作的个案工作、小组工作、社区工作、社会工作行政等方法对哪些服务对象有哪些成效，更要了解具体的方法如个案咨询、个案救助、支持小组、工作坊、社区宣传、社区教育、资源链接、政策倡导等在什么时候使用更有效。一般而言，以治疗、行为矫正、能力提升、成长发展为目的的服务更适合采用个案工作和小组工作的方法；以活跃气氛、促进参与、扩大影响等为目的的方法更适合用社区工作的方法。以社工站"老有所为"项目为例，为老年人自组织的成员提供培训的目的是提升老年人的服务能力，让他们掌握更多的护理、保健、照料等知识和技能，相较而言，工作坊的形式会比知识讲座更有效。

在实际的服务过程中，外在的客观因素如活动经费情况、指标要求、现实环境的限制等是社会工作者选择服务方法和服务形式的主要参考指标，而较少从目标对象的需求和意愿、服务成效等服务对象的立场上去选择服务方法，这不仅违背了社会工作"利益单向性"原则，也不利于服务成效的产生，是当前社会工作者需要正视的问题之一。

案例分享[①]

某市复退医院住院病人中有一群特殊的优抚对象，是长期在各地复退军

① 覃明兴，龙妮娜，罗智鸣. 社会工作项目设计实例［M］. 长春：东北师范大学出版社，2018：59-69.

人医院住院治疗的复员、退伍军人精神病患者或康复者。因长期住院治疗，他们的身体技能比同龄的正常人衰退得快。同时，这些患者很少有机会与社会进行接触和交流，平时的活动也比较少，生活方式相对单调，生存质量有待提高。加上很多人对精神病患者缺乏了解，采用冷眼或者粗暴的方式对待他们，导致很多复员退伍军人康复患者对重返社会缺乏自信，自卑、抑郁、孤独、社交焦虑等严重影响到患者的心理、生理和社会功能的全面康复。

社会工作者采用了全人理论、社会支持网络理论、优势视角、怀旧理论等为复员退伍军人精神病患者提供旨在促进其全面发展、拓展社会支持网络、提升抗逆力和自信心的专业服务。据此，运用了以下服务策略。

1. 给予关怀和支持。足够的关怀和支持是精神病患者得以康复的重要保证之一，医务社会工作者在每天的室外活动及进入病房时都会与服务对象沟通交流，以便及时给予辅导和支持。

2. 关注优势。优势视角认为社会工作助人实践过程中关注的焦点应该是案主个人及其所处环境的优势和资源，而非问题和症状。改变的重要资源来自案主自身的优势。在接触服务对象的过程中，医务社会工作者会根据观察和聊天中发现的服务对象的优点并给予发自内心的赞美，与服务对象一起发现他们的爱好和特长，鼓励他们积极参与各种活动，并安排比较有责任心或者工作能力比较强的服务对象协助社会工作者组织各种活动，帮助服务对象恢复自尊，增强自信心。

3. 提供机会，促进参与。医务社会工作者将服务对象视为有价值的人，并具有一定的社会资源，社会工作者充分利用这些资源为服务对象提供参与的机会，如悦音堂、字墨传情吧、室内活动大厅与室外活动场所等主要为服务对象提供参与文化学习、体育锻炼和娱乐活动的机会，手工室主要为服务对象提供各类手工操作的场所。

4. 提供正向指导。医务社会工作者与服务对象做朋友，成为服务对象的陪伴者，通过陪伴为他们提供关爱与支持，如对他们良好的行为表现给予肯定和鼓励；对不恰当的行为给予纠正，并示范规范性行为以供学习参照；澄清他们的认知偏差等，从各种角度给予他们正向的指导。

医务社会工作者以个案工作、小组工作和社区宣传等专业方法为主，辅以"三疗—教育"为核心的常规活动。

1. 个案工作方法。在精神康复领域，由于服务对象自身条件差异明显，个性比较鲜明，并且他们对自身状况的接受度各不相同，需求不尽相同。这要求社会工作者在开展服务的过程中，提供更多具有针对性和个别化的服务。

2. 小组工作方法。精神病患者存在着一些共同点，如对病情的消极认知、处理问题能力欠缺、自控能力差、活动水平低、缺乏支持网络、人际关系紧张等。针对这些共同的问题需求，医务社会工作者组织具有同质性的服务对象开展小组活动，利用群体内成员资源、小组成员的榜样作用等将更多的服务对象联结在一起，为共同的目标努力。

3. "三疗—教育"的常规工作方法。"三疗—教育"的模式是精神康复工作独特的治疗模式，其中："三疗"指药疗（药物疗法）、工疗（工作疗法）和娱疗（娱乐疗法）；"教育"指文化教育。在该复退军人医院的精神康复工作中，这一模式尚未得到整体性运用，社会工作者可以融合资源，推行这一模式，并使之成为常态化的日常康复工作。

第二节 设计项目活动内容

当有了良好的项目规划之后，下一个环节就是设计项目活动计划。项目活动计划大体包括两个部分：一是服务项目活动安排；二是服务项目进度安排。我们首先要掌握设计项目服务活动的知识。

知识链接

项目活动计划是指为解决问题、满足需求、实现项目的目标、计划开展的活动和服务的统称。[1]

服务项目活动安排是指整个服务项目包括哪些具体的活动、这些活动

———————
[1] 董明伟. 社会工作项目管理［M］. 北京：中国商务出版社 . 2022：54.

有哪几种类型以及每种类型活动的数量有多少等，是对服务项目整个活动安排的介绍。①

一、认识服务活动

（一）服务活动构成要素

社会工作服务项目活动由一系列要素组成，包括活动主题、内容、目标、评估指标、注意事项等。然而，并不是要求社会工作者在设计服务活动时将这些要素照搬上去，而是尽可能将活动细化，让其具有可操作性，更重要的是能实现目标。

如 D 街道某社区共融项目的服务内容包括了四大板块："家·共治""家·传承""家·耋乐""家·童行"，其中"家·传承"板块的活动设计如表 4-2 所示：

表 4-2　D 街道社区共融项目活动内容（部分）

子项目	活动主题	目标	活动内容	评估指标
家·传承	社区营造活动	拉近社区邻里关系，打造社区大家庭文化，传承优秀传统文化	1. 端午合家欢；2. 元宵喜乐会；3. 元旦庆祝活动	1. 活动参与人数不少于 100 人；2. 80%的参与者通过参与活动增强了对传统节日文化的了解
	社区共建活动	社区居民共同绿化环境、共建美好家园	绿色生活主题活动	1. 建立社区公共绿化共建机制；2. 绿化主题活动不少于 10 场；3. 参与人数不少于 20 人
	社区惠民活动	为居民排忧解困，丰富居民的精神文化生活，增强居民的参与性	1. 义剪、义诊惠民行；2. 邻里电影院	1. 活动每月一次；2. 居民满意度 90%以上

（二）设计服务活动的原则

一是活动需有针对性。项目活动是为解决问题、满足需求、实现目标服务的，因此，所有项目活动的设计必须紧紧围绕目标来设计，有助于实现项目目标的活动就放进去，与目标没有关系的活动就舍弃。

二是活动具有专业性。即项目活动设计要体现社会工作专业的理念和方法，设计的活动必须是针对需要解决问题的最有效的活动。

三是活动的具体性。服务活动的设计要尽可能清晰、具体、详细，以便出资方和社会工作者能清楚地看到活动和服务开展能不能保证目标的达到。

四是活动之间的逻辑性。有效的项目内容应该是一个系统化、模式化的解决方案，每一个活动必定能够解决其中一个问题或者实现其中一个目标，每一个问题、每一个目标必定有相应的活动相对应；同时要注意活动与活动之间的关联性和有机的逻辑关系，不能用"散而乱"的活动堆砌起来。项目设计方案逻辑关系如图4-2所示。[①]

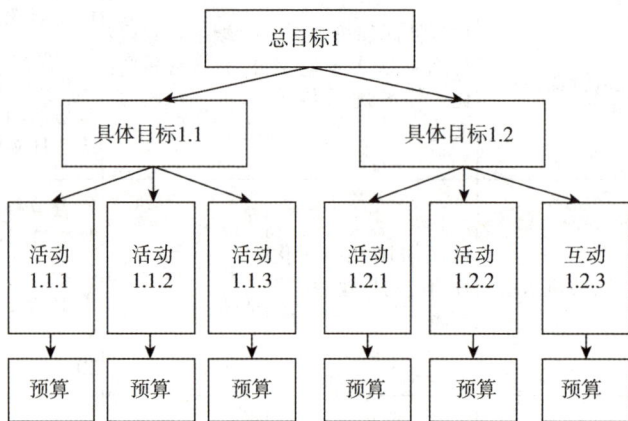

图4-2　项目设计方案逻辑关系

五是活动具有创新性。活动的设计需要根据服务对象共性和个性的需求呈现出创意和创新来，而不能直接照搬别人的活动设计。如，每个社区的居民都有娱乐休闲的共性需求，但目标群体、娱乐休闲方式、休闲内容

---

① 董明伟. 社会工作项目管理［M］. 北京：中国商务出版社，2022：55-56.

等方面会有区别，社会工作者需要对服务对象的真实需求进行准确而深入的了解和掌握，才能设计出与别人不同的有创意的活动来，才不会出现每个社区开展的社区活动都趋同的现象。

二、活动设计的方法

哪些方法和工具能帮助我们设计出思路清晰、活动聚焦、内容详细又有新意的服务活动呢？掌握下面几种方法对新手社会工作者设计活动大有裨益。

（一）激发式提问法："我们可以怎样做？"①

活动设计前需对主题进行分解、限制和筛选，激发式提问法是从服务对象的需求和故事中获得活动创意主题的相对简易适用的方法。步骤如下：

第一步：创建激发式问题。从需求调研的原始数据中总结出关键词或者服务对象故事。比如：

一位70多岁的老人告诉社会工作者，她的老伴瘫痪在床已经10余年，以前都是自己照顾老伴，现在自己身患多种疾病，体力大不如前，已经没有办法给老伴洗澡，她也没有多余的钱请护工来为老伴提供助浴服务。

社会工作者需将上述故事转化成"我们可以怎么做？"的提问形式来激发活动设计的灵感。如：

- 我们可以怎么做来帮助老人缓解照顾老伴的精神压力？
- 我们可以怎么做以缓解老人经济上的负担？
- 我们可以怎么做来帮助瘫痪的老人定期洗澡？
- 我们可以怎么做以让老人的生活质量得到提高？

社会工作者可以尝试用"阶梯式"提问来拓展主题。如：最初的主题

① 马克·史迪克多，马科斯·霍梅斯，亚当·劳伦斯，等. 服务设计方法与项目实践［M］. 马徐，孙蕾. 译. 北京：清华大学出版社，2021：105-107.

是"老人觉得压力大是因为她自己没办法帮助老伴洗澡",那么接下来可以问"老人为何要自己帮老伴洗澡",我们会发现新的信息如"缺钱""没有子女照顾""与子女关系不好""传统的观念影响"等。然后,用"我们可以怎么做"一步步深入挖掘,形成多个主题。如,如果老人是因为缺钱才只能自己帮老伴洗澡,那么就可以延伸出"如何缓解老人经济困难"的主题。

第二步:排优先级和筛选。社会工作者邀请对服务对象需求和项目目标了解的人、前期参与调研的人、有相关服务经验的人共同参与,通过对讨论主题进行讨论、整理和优先排序,决定哪些应该优先处理、哪些与项目无关的可以忽略。

如上述老人的问题通过激发式提问可以形成以下主题:

A. 为老伴助浴

B. 经济援助

C. 亲子关系调解

D. 缓解情绪压力

E. 健康维护

F. 遗产纠纷

社会工作者邀请了督导、同行、参与调查的志愿者一起进行优先排序,选出 A、B、D 三项为优先处理的问题,C 为后处理的问题,E 和 F 为暂时可以忽略的问题。

第三步:进行活动设计。针对选出的主题采用脑力书写、头脑风暴、思维导图等方法进行活动创意,尽可能给出更多的答案。

(二) 头脑风暴法①②

头脑风暴法(Brain Storming)又称智力激励法、畅谈法、集思法等,是通过小型会议或者小组工作的方式,利用集体的思考,引导每位与会者

---

① 杨侃,等.项目设计范围管理 [M].3 版.北京:电子工业出版社,2020:236-239.

② 马克·史迪克多,马科斯·霍梅斯,亚当·劳伦斯,等.服务设计方法与项目实践 [M].马徐,孙蕾.译.北京:清华大学出版社,2021:109-111.

围绕中心议题广开言路，在非评判的且高度发散的状态下，在自由愉快、畅所欲言的气氛中交换想法，产生出大量的点子、创意和灵感。其步骤为：

第一步：准备阶段。选定主持人和记录人，准备白板或大白纸、笔等物料，满足活动空间的场地布置，营造出温馨舒适的环境。准备讨论的主题，主持人必须对主题的实质、关键和讨论的目标有清晰的理解和把握，对前期调研资料和服务对象的需求熟练掌握。邀请合适的人参加（可以是了解背景的人、没有先入为主的人、专家、同行、服务对象、机构管理人员、社区工作者等）。

第二步：热身阶段。这个阶段需要创造一种自由、宽松、愉悦的氛围，让大家得以放松，进入一种无拘无束的状态。主持人可以通过游戏或者有趣的话题来让参与者放松。

主持人需要宣布规则，按照奥斯本法（Osborn's rule），规则可以如下：

- 主持人可以控制会议进程；
- 承认每个人作出的贡献，声明没有一个答案是错误的；
- 与会人员依次发表观点，不要私下交谈，避免分散注意力；
- 不妨碍他人发言，每个人只谈自己的观点；
- 与会人员可以相互补充各自的观点，但不能评论，更不能批驳别人的观点；
- 发表观点时要简单明了，一次发言只谈一种观点，设定发言时间限制，时间到了立即终止发言。

第三步：畅谈阶段。主持人简明扼要抛出主题，让大家畅谈，过程中要注意：

- 每个参与者都是平等的，无领导与被领导之分；
- 如有批评者，主持人要暗示制止；
- 主持人可以提出一些创意，鼓励参与者提出不同角度的想法，因为脱离习惯的想法往往能引导人们产生创意；
- 要当场把每个人的观点毫无遗漏地记录下来；

- 要当场把每个人的观点重复一遍。

在这一阶段不要进行评估，对观点评估不利于观点的多样性，易打断思路。主持人可以要求与会人员先提出各种观点而不考虑其价值、可行性及重要性，然后再对这些观点集中评估。这一阶段持续到无人发言为止。

第四步：筛选和归纳阶段。主持人将每个人的观点重复一遍，确保每位与会人员都知道全部观点的内容；寻找重复或者相似的观点，将相似的观点聚集在一起，对各种观点进行评估和论证，剔除明显不合适的观点；最后按主题进行归纳。通过筛选和归纳，得出几个主要的观点，整理成方案。

第五步：整理阶段。主持人公布选择方案的标准，如可识别性、创新性、可实施性等，经过反复比较和优中择优，最后确定1~3个方案。其他方案需都记录下来作为备用方案。

头脑风暴法鼓励参与者自由发挥，在短时间内集中大家的智慧，碰撞出很多新的想法和创意，适合方案创新设计。在使用过程中，头脑风暴和脑力书写可以随意组合。最合适的做法是，先以分组的形式做脑力书写，分享各组成果，继而发动所有参与者共同进行头脑风暴，把想法都写下来，如此反复几轮，将会得到最优的设计方案。

案例分享

某社区书记想要在社区开展儿童友好型社区建设项目，但又不知道具体怎么做，于是邀请督导和一个机构的负责人、三位一线社工一起共同讨论。督导运用头脑风暴的方法，围绕"理想的儿童友好社区是什么样子"的主题，让大家畅所欲言。经过两个多小时的讨论，形成了以"安全""参与""关系友好""活力""可持续""影响力"为核心词的服务创意。

（三）脑力书写

这是一种能快速激发出多样化创意的理想方法，可以帮助不善言辞者在安静的气氛下并行完成工作。其步骤为：

第一步：准备阶段。选定主持人，准备物料（保证所有参与者都有同样粗细的笔、同样尺度的纸或便利贴、胶带），准备场地（足够大的空间，所有人能舒适地或坐或站或小范围走动，有能供产出呈现的白墙），邀请参与者（3 人以上，可以是了解背景的人、没有先入为主的人、专家、同行、服务对象、机构管理人员等）。

第二步：脑力书写。主持人将主题或关键问题在白板或者投影上呈现出来。之后可以安排有趣的游戏，分散一会儿参与者的注意力，让大家短暂休息。所有参与者都需要独立且安静地工作，在纸或便利贴上写出或画出他们的想法。将草图或者草案交给其他参与者进行书面评论和扩展，或直接贴在白墙上供其他人查看，也可以自己先保留想法直到活动最后再贴出。把所有的点子都贴在墙上。

第三步：讨论与筛选。当所有想法都展示出来后，就可以用小组倾向的任何一种维度或筛选方法如创新性、可行性等进行分组、排序和筛选。也可以进一步通过头脑风暴的方式深入探讨某一个主题的活动创意。

（四）思维导图[①]

思维导图（Mind map）是一种图像式思维的工具，适用于设计者个人从某一确定的主题出发，依据目标、策略、方法等逐级寻找到服务活动。其步骤为：

准备材料：纸、不同颜色和粗细的笔。

画出中心主题：将思考的主题写在纸中间，如：伙伴关系营。

画主干：依顺时针方向，从中心向外绘制线条，把主题联想出的关键词写在线上。一条线上只能写一个关键词，如：目标、内容。

画支干：从主干上的关键词开始联想，再向外绘制线条，写下第二层、第三层的关键词。

加记号：若想强调某些关键词，在旁边加上特殊记号。

检视全图：如果发现关键词分布在不同线条上但互相有关联，则以虚

---

① 项目臭皮匠. 项目百子柜：一本社工写给同行者的工具书［M］. 北京：中国社会出版社，2016：139.

线连接。图 4-3 是 D 街道社工站"老有所为"项目中"伙伴关系营"子项目中的"居家生活照料"部分服务内容的思维导图。

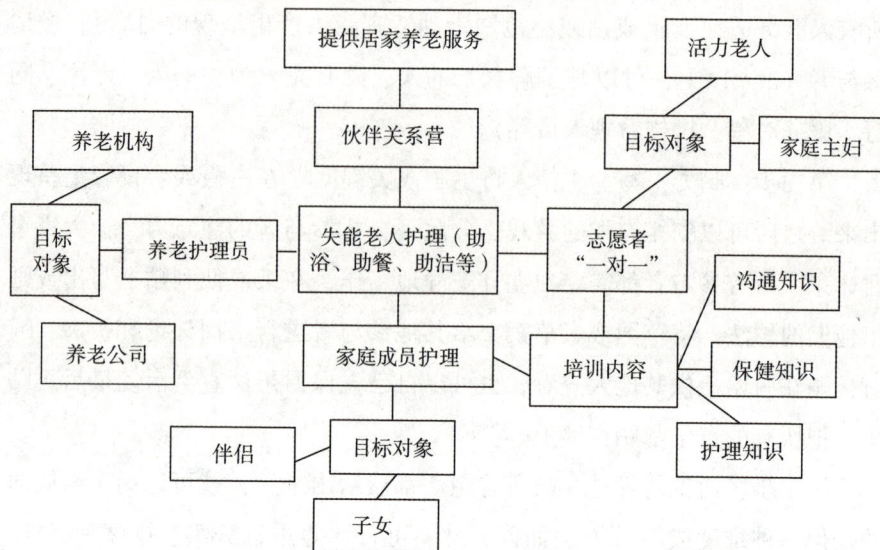

图 4-3　D 街道社工站"老有所为"项目思维导图（部分）

三、活动筛选的方法

采用头脑风暴、脑力书写、思维导图等方法或工具进行项目活动创意和设计之后，面临着多种方案，需要社会工作者采用科学的方法进行排序和筛选。创意筛选的方法非常多，包括八爪鱼分类、本尼·希尔分类（"35 法"）、创意组合、决策矩阵、快速投票、肢体承诺等。在此介绍创意组合和快速投票两种方法。

（一）创意组合①

创意组合是能快速帮助筛选活动方案且分析性较强的工具。它是通过将活动创意从纵横两个维度进行排序，用图表形式呈现，从而帮助社会工作者作出活动选择。其步骤为：

---

① 马克·史迪克多，马科斯·霍梅斯，亚当·劳伦斯，等. 服务设计方法与项目实践［M］. 马徐，孙蕾. 译. 北京：清华大学出版社，2021：133-135.

第一步：准备阶段。将多个活动创意写在纸上或画下来。准备物料（可固定的白板，或者墙面、地板），选定主持人，邀请参与者（至少1人，可以是了解背景的人、没有先入为主的人、专家、同行、服务对象、机构管理人员等）。

第二步：确定分析框架。选取合适的评估维度，如"对问题解决的影响""活动可行性""环境支持""成本""效益"等。

在墙面或地板或白板上画好评估图表，纵横轴需清晰可见。

第三步：评估活动创意。依据两个维度，请参与者评估每项活动创意，每个维度评分在0~10分，可以在活动创意的稿纸或者便利贴上写上分数，也可以直接把稿纸或者便利贴贴在评估表相应的位置。

依次进行，不断在评估表中整理和移动稿纸的位置，直到所有的活动创意都标识在评估表中。

第四步：比较与筛选。从评估图中可以看出位于高处和低处的活动创意是哪些，通过比较和分析，选择最佳活动方案。

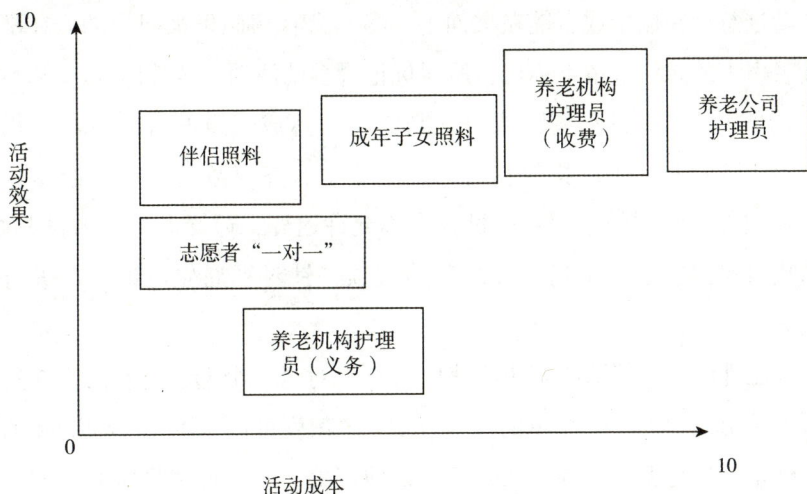

图4-4　"伙伴关系营"项目创意组合坐标图

图4-4是从成本和效益两个维度对"伙伴关系营"项目中"居家养老服务"活动创意的评估图。从图中可以看出：对于失能失智老人的护理而言，专业的持证养老护理员提供的服务质量是最高的，但因为市场收费

高，导致成本也是最高的。养老机构的护理员如果免费提供服务，在没有居家养老项目支持的前提下，很难持续，所以服务效果会大打折扣。如果能给失能失智老人的家属、亲人和志愿者提供专业的护理知识培训，让他们掌握基本的养老护理知识，则家庭成员的服务成效会比志愿者更高，但成年子女所需付出的成本会较大（平衡照顾与工作）。之所以选择志愿者"一对一"的上门服务，是因为成本最低，同时又因志愿服务的精神能保证良好的服务效果。

从上述案例可以看出，并不是效果最好、成本最低的一定会成为项目的选择，还需要结合其他因素如目标对象的意愿、活动组织的难度、掌握资源的情况、与目标是否契合等来筛选最合适的活动方案。

（二）快速投票法①

如果参与人数比较多，可以用贴纸投票法、摸鼻子法和气压计法等方法快速征求意见，选择项目活动计划。

贴纸投票法是让参与者用圈点状的贴纸或笔来标记他们的选择，将所有活动创意钉在墙上或者铺在桌面上，参与者在房间里来回走动，在那些更具吸引力的想法上留下标记，所得标记最多的活动创意胜出。

摸鼻子法是帮助小型团队快速判断是否达成一致的有效方法。投票时，每位成员将一根手指放在自己的鼻子上，齐声数到 3 后一起用这根手指指向他们倾向的选项上。过程中不允许迟疑，迟疑者将失去投票权。如果出现平局，去掉平局以外的其他选项，针对平局先讨论，再进行一轮投票。

气压计法可以帮助我们快速获取所有人对每一个选项的看法，在每一选项上贴上或画上一个简单的"气压计"，刻度可以选取从 −2 到 +2 的李克特度量。参与者用圈点贴纸或笔标记他们的投票。最终将所有人的分值相加，高者获胜。

---

① 马克·史迪克多，马科斯·霍梅斯，亚当·劳伦斯，等. 服务设计方法与项目实践［M］. 马徐，孙蕾. 译. 北京：清华大学出版社，2021：139-140.

四、设计服务活动的步骤

如图 4-5 所示，设计服务活动可以粗略分为三个阶段。

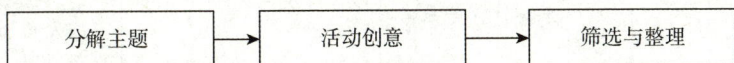

| 分解主题 | → | 活动创意 | → | 筛选与整理 |

图 4-5　服务活动设计的步骤

第一步：分解主题。指根据目标采用科学的分解工具将要设计的活动主题分解出来。如"老有所为"项目可以根据目标分解成"资源库建设""讲师团建立""自组织能力建设""品牌打造服务""伙伴关系营"等主题。

第二步：活动创意。即根据分解的主题采用头脑风暴、脑力书写、思维导图等方法进行服务活动创意，尽可能开发出更多具有创新性、可行性、有效性的活动方案。

第三步：筛选与整理。即采用创意组合、快速投票法等科学的排序、筛选方法从多样化的活动创意中选出最佳服务活动创意，并整理成活动计划。

案例分享

D 街道社工站"老有所为"项目中的"伙伴关系营"子项目的总目标为：在活力老人与困境老人之间建立一对一的"伙伴关系"，发挥"伙伴"的力量，为困境老人提供居家养老服务，提升困境老人的生活质量，营造尊老爱老敬老的社区氛围。

分目标包括三个：

1. 每周为"伙伴"提供一次上门居家养老服务（精神慰藉、情感陪伴、生活照料等）。

2. 80% 的老人参加 4 次以上的社区集体活动。

3. 链接专业力量为社区老人提供护理知识培训，90% 的参与者掌握初级养老护理知识。

根据目标制定的活动内容如下表：

活动主题	目标	活动内容	评估指标	注意事项
"伙伴"一对一护老行	80%的老人参加4次以上的社区集体活动	搭建伙伴关系	每位困境老人均有至少1位伙伴	1. 采用入户发动和社区宣传相结合的方法邀请活力老人参加; 2. 让老人了解项目的目标和内容
		伙伴"一对一"居家上门服务	1. 伙伴每月为伙伴制定服务清单; 2. 伙伴每周定期上门为困境老人提供一次上门服务; 3. 服务对象的满意度达90%以上	1. 需建立监督体系; 2. 社会工作者需经常给予护老者激励
		"时间银行"	1. "时间银行"制度完善; 2. 参与"时间银行"活动的伙伴对活动满意度达90%以上	1. 激励机制需要符合护老者的需求; 2. 以发扬互帮互助的志愿服务精神为核心
"共营"护老家园	80%的老人参加4次以上的社区集体活动	端午、中秋、重阳、元旦等节日活动	1. 每场活动参与人数60人以上; 2. 活动参与者满意度达90%以上	注意活动与传统尊老敬老护老文化相结合,注意活动创新
		长者生命故事传播	1. 每月组织1次; 2. 社区居民和学校学生对活动满意度达90%以上	用口述史记录长者的生命故事,活动形式可以多元
		"爱老敬老护老"社区氛围营造	1. 社区爱老敬老护老实例逐月增加; 2. 爱老护老敬老活动常态化	避免流于形式

续表

活动主题	目标	活动内容	评估指标	注意事项
"关护"能力营	链接专业力量为社区老人提供护理知识培训，90%的参与者掌握初级养老护理知识	护老者养老护理知识培训	90%的护老者掌握初级养老护理知识	要结合困境老人和护老者的双重需求进行培训内容设计
		护老者团建活动	1.80%的团建活动由护老者自己设计和组织；2. 护老者之间的凝聚力得到提升	
		护老者共学营	一年内至少组织 4 次共学营	共学内容由护老者自己提出

第三节　细化项目进度计划

项目活动计划中第二部分内容是服务项目进度安排，它是整个服务项目活动如何按照时间维度前后衔接起来，形成科学有序的项目服务过程。服务项目流程安排通常以项目的时间为主线，重点考察每一个服务项目活动从什么时间开始、到什么时间结束以及不同服务项目之间在时间上如何衔接等。[①]

编写项目进度需要首先回答下面一些问题：

- 如果按照计划执行，项目将在何时完成？
- 每项任务的开始和结束应该是什么日期？
- 为了确保能及时完成项目，哪些任务比较关键？
- 在不推迟这个项目的完成期限的前提下，哪些任务可以被推迟？
- 什么时候需要项目资源，项目资源什么时候被释放出来？
- 根据项目资源的任务负荷，哪个资源最受限制？

---

① 童敏. 社会工作专业服务项目的设计：实践逻辑与理论依据［M］. 北京：社会科学文献出版社，2020：228.

一、编写项目进度的方法

在项目管理中，编写项目进度计划的方法有很多，其中能让社会工作者快速掌握，又适用于社工站周期短、活动相对少的项目特色的工具是甘特图和里程碑图。

（一）甘特图①

甘特图是通过条状图来表示每项活动开始和结束的时间，是对于小的、简单的项目而言有效的工具，当项目活动少于 100 项时可以使用甘特图。甘特图需要呈现出以下信息。

- 需要完成哪些任务？
- 哪些团队成员正在处理特定任务？
- 任务需要完成的优先级顺序是什么？
- 每个任务应花费多长时间？
- 项目开始和结束的时间是多少？
- 在项目期间完成了多长时间的任务？

制定甘特图的步骤如下：

1. 分解活动

社会工作者需要清晰了解项目的活动有多少项，并通过工作分解结构（WBS）将活动分解成工作包。② 如图 4-6 所示。

2. 活动排序

将活动按照逻辑关系进行排序，确定每一个活动的位置，最终形成活动之间的逻辑序列。如图 4-7 所示。

3. 估算活动持续时间

根据资源（人力、场地、物料等）情况估算活动所需时间。如开展需求调研，社会工作者需要根据调研的样本量、每份问卷所需的时间和参与

---

① 拉斯·J. 马蒂内利，德拉甘·Z. 米洛舍维奇. 项目管理工具箱［M］. 2 版. 北京：电子工业出版社，2017：146-151.

② 项目臭皮匠. 项目百子柜：一本社工写给同行者的工具书［M］. 北京：中国社会出版社，2016：138.

```
                    ┌─────────┐
                    │  某项目  │
                    └────┬────┘
          ┌──────────────┴──────────────┐
      ┌───┴───┐                      ┌───┴───┐
      │ 目标1 │                      │ 目标2 │
      └───┬───┘                      └───┬───┘
   ┌──────┼──────┐              ┌────────┴────────┐
┌──┴──┐┌──┴──┐┌──┴──┐      ┌────┴───┐      ┌──────┴──┐
│活动 ││活动 ││活动 │      │ 活动   │      │ 活动    │
│1.1  ││1.2  ││1.3  │      │ 2.1    │      │ 2.2     │
└──┬──┘└─────┘└─────┘      └────────┘      └─────────┘
   │
┌──┼──────┐
┌──┴──┐┌──┴──┐┌──┴──┐
│工作 ││工作 ││工作 │
│包   ││包   ││包   │
│1.1.1││1.1.2││1.1.3│
└─────┘└─────┘└─────┘
```

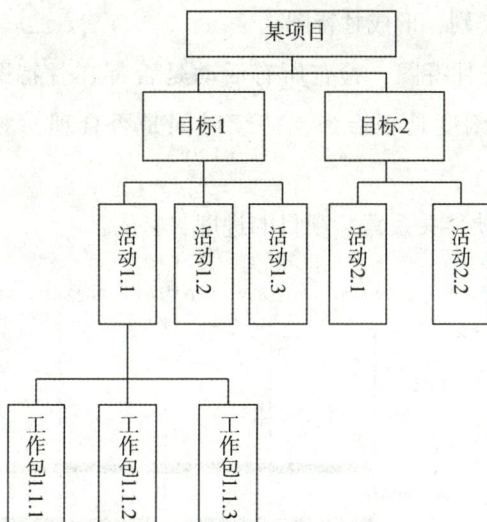

图 4-6　工作分解结构（WBS）

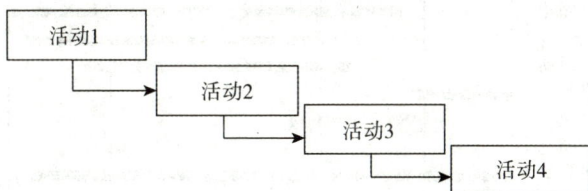

```
┌────────┐
│ 活动1  │
└───┬────┘
    └──►┌────────┐
        │ 活动2  │
        └───┬────┘
            └──►┌────────┐
                │ 活动3  │
                └───┬────┘
                    └──►┌────────┐
                        │ 活动4  │
                        └────────┘
```

图 4-7　项目活动排序图

调研的人数来估算时间。如果一人一天完成 5 份问卷，需要完成 100 份问卷，10 人参与问卷调查，所需的时间为 2 天。社会工作项目中，有一些活动是持续始终的，如"伙伴关系营"项目中每周上门服务、定期走访、资源链接等活动需要持续开展。

4. 制定甘特图

根据活动顺序和活动持续时间绘制甘特图，以便对项目进度进行精确计划。绘制甘特图需要一个表格（Excel 或 WPS 工作表），根据以下步骤绘制：

步骤 1：在 Excel 表中输入活动、开始时间、所需时间和完成时间。

步骤 2：全选数据，插入条状图中的堆积条形图。

步骤 3：在生成的图表中删除完成时间点，设置横坐标的坐标轴边界和纵坐标的逆序类别，形成甘特图。

步骤4：审查甘特图，检查所有活动是否都在甘特图中，顺序是否符合逻辑，时间刻度是否恰当，持续时间是否合理，对表格进行美化完善。

图4-8是"伙伴关系营"项目的进度甘特图：

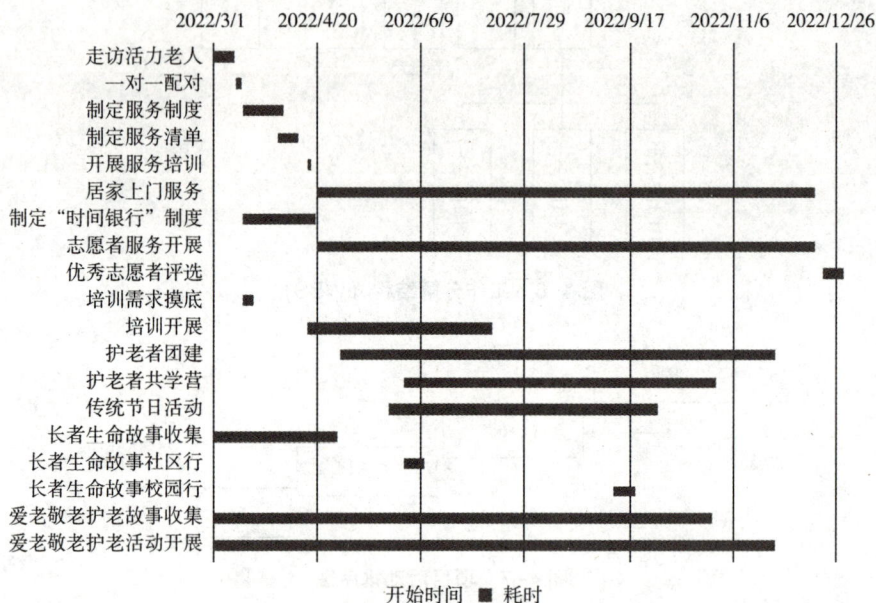

图4-8 "伙伴关系营"项目进度甘特图

（二）里程碑图[①]

里程碑图适合于机构或者社工总站对重要工作或任务进行进度管理，通过里程碑图可以展示一个机构或一个社工总站一定时间内重大事件、项目、活动、任务等完成的时间节点。如图4-9所示：

---

① 拉斯·J. 马蒂内利，德拉甘·Z. 米洛舍维奇. 项目管理工具箱［M］. 2 版. 北京：电子工业出版社，2017：151-154.

里程碑事件	时间											
	1月	2月	3月	4月	5月	6月	7月	8月	9月	10月	11月	12月
需求报告完成	★											
项目书撰写完成		★										
培训完成					★							
归档完成												★

图 4-9　里程碑图

绘制里程碑图的步骤为：

第一步：选择里程碑图类型。根据管理主体的不同选择不同级别的里程碑图。如用于机构负责人、总干事等高层管理人员来全盘掌握机构项目进度的话，则使用高级别的里程碑图，将 5 个左右的标准作为决策点。而如果是用于社工总站来审视各分站点的项目完成情况，则可以使用涵盖 10~15 个标准的更为详细的里程碑图。

第二步：识别关键里程碑事件。根据选择的里程碑图的类型指导所需要的里程碑事件的选择。围绕一个项目服务周期内关键性的活动、事件或者产出进行梳理。如就一个社工总站而言，影响其服务成效的关键活动包括日常管理工作、技术支持（督导和培训）、资源链接、档案管理、质量监测等。

第三步：里程碑事件排序。根据活动或事件之间的逻辑关系，按照完成的时间进行排序。

第四步：制定里程碑图。根据里程碑事件和完成时间排序制定里程碑图，可根据 Excel 表格制定，也可简单运用 Word 的插入表格制定里程碑图。

二、编制项目进度的注意事项

一是明确项目进度计划的重要性。项目进度计划对项目活动进行具体时间安排的作用常常被项目设计者和执行者忽视，很多社会工作者没有正确认识项目进度计划对项目执行的指导价值。表现在：一方面是进度计划欠缺科学严谨；另一方面是在服务过程中很少按照项目进度安排去执行，导致项目执行出现较大的随意性。社会工作者需要认识到，项目进度计划是对项目活动分解细化后按照逻辑顺序进行时间编排的活动，是让社会工作者明白在什么时候做什么事情的执行指南。正是因为有了明确合理的项目进度计划，才能让社会工作者有的放矢，做到心中有数、执行有序。

二是避免项目进度计划的形式化。如果没有充分认识到项目进度安排在项目方案制订和项目执行中的重要性，就很容易让项目进度形式化。表现为：虽有项目进度计划，但不科学，或者很粗糙，不具有可执行性。学会科学地绘制甘特图、里程碑图等，可以让项目进度计划更科学、具体和合理。

三是灵活执行项目进度计划。一般情况下，社会工作者需要按照实施方案和进度安排来执行项目服务，但在特殊情形或环境下，如新冠肺炎疫情暴发时期，很多线下活动无法如期执行，此时就需要调整计划，灵活安排活动。社会工作者需要将变更后的计划向机构和出资方申请，得到批准后才能执行。

第四节　项目内容设计中的常见问题

因不同的社会工作者在项目设计能力、设计经验和项目执行经验上存在差异，导致项目在设计环节容易出现一些问题，需要社会工作者予以重点关注。

一、内容与目标脱节

设计了项目目标和项目内容，但是项目内容没有针对具体的目标进行安排，出现了有目标无活动、活动与目标对不上的现象。细究其原因，主要有三方面：

一是项目目标不清晰。如果社会工作者对服务对象的问题和真实需求了解不足，就会导致目标脱离实际问题和真实需求而流于形式或表面；如果社会工作者没有按照 SMART 原则对目标进行具体分解，就会导致目标空泛抽象，缺乏可行性、可测量性。目标不清晰会让服务内容无法聚焦。

二是缺乏项目逻辑意识。项目设计围绕目标对象的问题和需求展开，目标来源于问题和需求，内容围绕目标展开，进度安排是对活动开展的优先顺序进行规划，问题、需求、目标和内容之间存在基本的逻辑关系。如果社会工作者认识到项目方案中各要素之间的逻辑性，则会有意识地在设计服务内容时根据具体的目标来进行；如果社会工作者缺乏项目逻辑意识，则很容易导致项目内容与目标之间的脱节。

三是内容设计不合理。项目有具体的目标，项目内容要围绕目标进行设计，而不是根据具体的方法或者具体的指标来设计内容。如一个"彩虹之家"的志愿服务项目书中，其目标是通过招募残疾人志愿者、组建一个志愿者服务联盟，为辖区内的残疾人群体开展文化娱乐服务。项目内容却是从社区活动和小组活动两个层面来设计的，其中社区活动设计了青少年志愿者义卖活动和志愿助残活动，小组活动包括"阳光阅读亲子小组"、"别出心裁剪纸艺术小组"和"巧手织物奉献爱心编织小组"。显然，该项目在内容设计上就存在明显的不合理性。

服务内容与目标脱节了怎么办呢？方法有二：

一是用逻辑关系图来检验项目内容。将项目设计中的目标、活动内容、预算等按照图 4-2 中的逻辑关系进行检验，看服务活动是否对应了某一个目标，所有的目标是否都有活动相对应。如果存在活动无法支撑目标，或者目标没有对应的活动内容，或者目标清晰但内容与目标不对应等情况，则需要修订服务目标或服务内容。

二是用 SMART 原则检验项目目标。运用 SMART 原则来检验服务目标，看目标是否具体、可测量、可执行、相关联、有时限。还需要审视具体目标与总目标之间的关系，看具体目标能否实现总目标，具体目标是否聚焦服务的问题和需求。如果目的与问题不关联、具体目标不清晰，则需要调整服务目的和目标。

二、直接复制别人的内容

社会工作者在设计项目方案时，可以查阅、借鉴他人的方案内容和设计思路，但不能直接复制别人的方案。理由有三方面：

一是服务对象的需求不同。项目方案是针对服务对象的问题和需求展开的，每一个项目都有对应的目标群体，目标群体所遇到的问题不同、需求不同，开展的服务活动也会千差万别。如果直接复制他人的方案，会导致服务活动与需求脱钩、服务对象的问题得不到解决、服务需求无法满足，活动效果会大打折扣。

二是社会工作者的专业能力不同。理论上，由于不同的社会工作者对服务对象的问题分析、需求评估和方案设计等的能力与经验不同，会制订出不同的服务方案；加上在服务方案的理解和诠释、方案执行能力等方面的差异性，很多社会工作者哪怕执行同一份方案也会产生不同的结果。随着政府购买服务的常态化，方案设计者和执行者不是同一个社会工作者的现象越来越普遍，如果执行者不理解服务设计者的目的、出发点、逻辑思路、内容之间的关联，而只关注指标的完成，服务成效一定不会很好。

三是项目获得的资源不同。出资方提供的经费和物质支持，机构的服务能力，社会力量的参与度等资源情况的不同，都不允许社会工作者直接复制他人的服务和活动内容。

基于上述理由，我们鼓励社会工作者：一方面多查阅优秀案例和项目方案，从别人的设计思路和内容中获得经验和灵感；另一方面以需求为导向，结合资源情况，设计真正符合服务对象需求的项目方案和活动内容。

三、服务内容之间缺乏联系

从需求出发，基于目标设计的活动内容是一个系统化、模式化的解决方案，活动内容之间存在有机的逻辑关系，即活动内容之间存在关联。如在"伙伴关系营"项目中，搭建伙伴关系是开展"一对一"居家上门服务的开端，"时间银行"的引用是"一对一"居家上门服务的保障，也是让伙伴关系可持续的重要途径。因此，社会工作者在设计服务活动内容时，一定要注意各活动内容之间的逻辑关系。

　　然而，在实际的方案设计中，社会工作者会较多地注意目标—内容—进度计划等之间的纵向逻辑关系，而容易忽视活动内容之间的横向逻辑关联，从而导致活动内容散乱庞杂，缺乏有序性。如何在内容之间建立有机的联系呢？我们需要用活动内容逻辑关系图来设计和检验服务内容（如图4-10所示）。

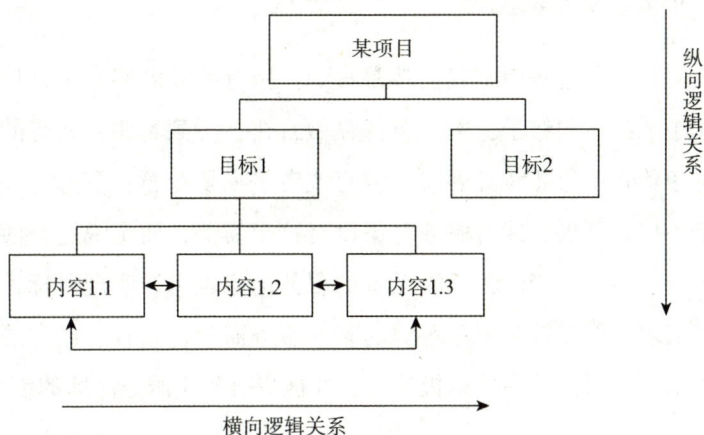

图4-10　活动内容逻辑关系

　　活动内容之间的逻辑关系主要包含三个方面：

　　一是先后顺序关系。如在"伙伴关系营"项目中，建立伙伴关系与"一对一"居家上门服务是先后顺序关系。

　　二是递进关系。如癌症病患者兴趣小组活动之后，进一步开展癌症病患者赋能小组，再将小组培育成社区自组织，这三项活动之间就是层层递进的关系。

　　三是相互依赖关系。如"伙伴关系营"项目中，"关护"能力营与"伙伴"护老行之间是相互依赖、彼此支持的关系，能力营提供的培训、团建、共学营等活动能提升护老者的服务能力和水平，而护老者开展的"一对一"居家上门服务能为能力营的培训主题选择、活动形式的多样化等提供经验素材。

　　社会工作者可以从上述任一种逻辑关系出发去设计服务内容，也可以

113

依据图 4-10 去检查和审核已经设计出来的服务活动内容，看看活动内容之间是否存在关联性；如果不存在关联性，则需要调整。当然，并不是所有服务活动之间都必然存在关联性，我们需要把检视的目光重点放在同一目标之下进行即可。也就是说，项目方案的纵横逻辑关系只有紧密结合，才能更好地帮助我们判断和审视一个项目方案是否科学合理。

四、内容设计平淡无奇

在实际的服务过程中，我们常常看到：所有的社区都在举办传统节日活动，端午节都在包粽子，中秋节都在做月饼；一到暑假，所有的社会工作者都忙于给青少年儿童开展安全教育或者暑期夏令营；等等。并不是说这些活动不应该开展，或者服务对象没有这个需要，而是说这些活动千篇一律，缺乏创新性。当然，平淡无奇的服务内容也可以实现目标，满足服务对象的需求；但是针对服务对象的某一服务需求，只有有创意的服务内容才能吸引服务对象关注并积极参与，才能更有利于服务品牌的创立。

案例分享

湖南省怀化市某社工站针对留守女童经期存在的生理知识欠缺、心理焦虑等问题设计了"我是女生"的创新项目，从女性主义视角出发，帮助青春期女性克服"经期羞耻"，提升女性的独立意识和自信心。

一、项目目标

1. 总目标

（1）形成一套可以复制的留守女童关爱项目运作模式。包括服务内容设置、管理制度和机制、资源筹措和志愿者管理协调机制、参与者激励机制、服务提供指南、服务相关辅助道具设计等。

（2）帮助留守女童建立独立、自信、乐观、积极的思想意识，建立男女平等意识。

（3）为本区域发展一批乡村妇女志愿者。

2. 具体目标

（1）项目周期内每个乡镇开展至少 1 次留守女童的"我是女生"生理健康课，共计 18 场。

（2）项目周期内每个乡镇开展 1 次女童安全小组或者女生成长小组，共计 18 个小组。

3. "我是女生"爱心包 700 个，其中姐姐包 300 个、妹妹包 400 个，安装卫生巾盒 18 个。

二、活动内容

依据目标设计的活动内容大致包括四个部分。

1. 女生卫生健康知识宣传

内容包括青春期特点、生理/心理健康常识、什么是月经、"第一次"该怎么办、如何注意月经期卫生、乳房发育及保健、女孩子如何保护自己等知识。形式为 PPT 课件讲解、宣传材料发放、观看微电影等。

2. 卫生巾互助盒提供

在学校公共女厕所安装卫生巾互助盒，供女生单次拿取单片卫生用品应急。鼓励女生取一放一，实现卫生用品的互助。

3. 爱心包发放

通过链接企业资源，获取爱心包物品，为留守女童发放爱心包。同时开展知识讲座，爱心包上留有咨询热线电话，社会工作者可以为留守女童提供咨询服务。

4. 安全意识教育

开展 18 个"守护安全 与爱同行"安全意识教育小组，旨在提高儿童自我保护意识，激励儿童主动参与生存安全自护教育活动。

"我是女生"创新项目服务活动的新意体现在问题聚焦，理论视角解释力强，目标明确，活动内容传递出来的"互助""他助""赋能"等概念具有吸引力，且活动之间的关联性强。

如何设计有创意的服务活动呢？方法有三个：

一是需求评估需深入。有创意的活动都需聚焦明确的问题和需求，因此，社会工作者需通过科学的需求评估、长期的入户走访深入了解服务对象的真实需求，包括：服务对象面临着什么问题，这些问题反映出哪些需求没有被满足；服务对象是否希望改变，服务对象期待怎么改变；服务对象是否有想参与的活动；等等。对服务对象了解得越深入，越能聚焦问题、回应需求。

二是多元主体参与。邀请不同的主体参与服务活动的设计，包括服务对象、督导、社区工作者、机构负责人、机构同行等，取百家之长补一人之短，可以让服务对象更多元化。同时，服务对象参与服务活动的设计更能激发其主动性。

三是借助科学的方法。可以从项目管理工具中汲取营养。项目设计和管理的工具非常多，如上文介绍的头脑风暴法、脑力书写、思维导图等创意方法，都可以帮助社会工作者很好地开展服务活动的创意设计。

第 5 章

怎样编制项目预算

　　小刘是某街道社工站的驻站社会工作者，站点在项目中期即将迎来第三方评估。根据评估指标，小刘花了整整一个星期将站点半年度的家访、电访、个案、小组、社区活动等服务档案按照类别分别用不同颜色的文件夹归档整理，并提前准备服务案例、演练项目汇报 PPT，以期做到万无一失。评估当天，评估专家查看完所有项目资料后问："根据资料，站点项目进度和指标完成度是 50%，为什么项目经费已经花了 70%？""原来项目预算里并没有场地费，为什么活动报了场地租赁费？""行政管理费比预算超了将近 50%。"小刘瞬间蒙了："作为社会工作者我都是按照项目计划书来执行项目活动，为什么还要管财务预算？"

　　很多社会工作者一般都没有接受过财务相关训练，对于经费预算或多或少会感到困惑，或者表现出抗拒。众所周知，社工站运营是需要经费的，当精准评估需求、明确项目目标、设计新颖的项目内容之后，需要足够的项目预算保障项目方案的落地实施。所谓项目预算，是指一系列有目的的、有序的、在一定期限内待完成的、某些活动的财务计划①。为了保证社工站活动和服务的顺利进行，实现项目目标，不但要制定项目实施内容，还需要制订相应的财务计划，以保证社工站项目的资金落实。

第一节　项目预算的构成

　　社会工作服务项目要完成一系列的项目活动，实现项目目标，需要投入各种资源，比如人力、设备、材料、资金等，计算及汇总项目各项活动所需投入资源的费用，即项目预算。根据社会工作服务项目的服务内容及要求，项目预算一般包含必要的人力成本费用、服务成本费用、行政管理

---

　　① 徐本亮. 社会组织管理精要十五讲［M］. 上海：上海社会科学院出版社，2018：110.

费用、税费等四项内容（见表5-1）。在此基础上，可视实际项目需要相应增加或删减有关内容。

表5-1　项目预算的构成

预算内容	说　明
人力成本费用	·社会工作者工资、社会保险、住房公积金、其他福利 ·项目督导费用
服务成本费用	开展项目活动或服务所需活动材料、交通费用、宣传费、服务场地租金、水电费、办公设备、志愿者补贴、劳务费等
行政管理费用	·行政管理人员薪酬与福利，以及以上人员产生的办公费、水电费、物业管理费、差旅费、折旧费等 ·不可预计费用
税费	如果出资方/资助方需要承接主体提供发票，则必然会涉及缴税

一、人力成本费用

是指从项目缔结意向到评估结束，项目配置直接服务人员的费用。包含项目社会工作者工资、奖金、津贴、补贴、社会保险金、住房公积金等费用和项目督导费用。社工站根据服务内容、服务指标，确定项目的人员配置数量和资质要求，并与项目团队架构相对应。

二、服务成本费用

是指为达成服务目标，用于直接受益对象开展相应活动或培训（会议）所必须发生的各项费用。包括活动材料、因组织服务而产生的交通运输费用、服务场地运营费用以及项目所需志愿者补贴费用等。服务成本费用预算应依据服务设计内容和活动数量而制定。

三、行政管理费用

是指承接机构为组织和管理项目活动而发生的各项费用。主要包括行政管理人员或财务人员的工资、奖金、住房公积金、社会保险费，以及以上人员产生的办公费、水电费、差旅费、固定资产支出、折旧费、维修费、无形资产摊销等。另外，"不可预计费用"是应对不可预见风险的应急费用，一般会预留管理费用的 10% 左右作为储备。

四、税费

是指为申报项目运营产生的营业税及附加。社会组织特别是社会服务机构如果没有免税资格的话是要缴税的，要根据国家规定的税率编报税费。税率依据不同地域和税务局而不同。

拓展阅读 ....

社工站项目的经费来源

湖南省 2018 年起实施的乡镇（街道）社工站项目已全面提升为涵盖市、县、乡、村四个层级的社工站项目。社工站项目是各级民政部门促改革、强基础、提质量的重点工程，是为基层民政事业服务的综合性平台，是提升基层社会治理和社会服务水平的有效载体。在 2018 年颁布的《湖南省乡镇（街道）社会工作服务站项目实施方案（试行）》中规定，社工站项目实施政府采购，"县级民政部门按照相关规定，在同级财政部门的指导下组织招投标、公开公示、政府采购等工作，确定承接机构并签订服务协议"，"社工站服务项目所需经费由县级民政、财政部门具体测算，根据实际需要列入财政预算，从本级社会救助工作经费或社会救助专项经费、福彩公益金、财政预算经费中统筹安排。省级民政部门根据绩效评估情况，对社工站项目进行补助"。

为加强社工站资金保障，推进项目实施，《湖南省基层社会工作服务站项目三年行动方案（2021—2023 年）》进一步明确社工站多渠道经费来源，"通过本级社会救助专项经费（包括困难群众救助资金专项）、福彩公益金、社会救助工作经费、财政预算资金等多个渠道，统筹安排、足额保障基层社工站项目经费，按照'政府购买、费随事转'原则，逐步实现养老服务、儿童关爱保护、社区建设等相关民政业务工作经费、相关政府部门和群团组织专项经费购买基层社工站服务。建立健全本级福彩公益金支持基层社工站建设的保障机制，并实现逐年增长。省本级福彩公益金将结合各地工作绩效情况，对基层社工站项目适当给予补助和奖励"。

第二节　项目预算的核算

在了解社会工作服务项目预算的构成后，社工站承接主体需要根据社工站的人力资源配置、服务内容和指标等具体要求，科学、合理地编制社工站的项目预算。社工站的政府采购预算已经明确，为什么承接主体还要来核算项目预算呢？这是因为成本预算作为项目成本管理的过程之一，一方面，可以对机构财务行为进行必要的监督，避免经费滥用或者使用不当的情况发生；另一方面，有了详细的项目预算可以更好地保证实际支出和预算的一致性，控制项目实际支出与预算之间的差额。同时，可以确保项目的实施和资金使用的一致性，有了详细的预算，有了具体的用途、具体的金额，这样在经费使用时就可以做到专款专用。

一、项目成本管理的过程

实现项目目标的重要前提之一就是耗用项目所需资源，而这些资源（人力资源、设备设施、材料、财力）的获取均需以项目成本为代价。在实际的项目管理运作过程中，项目成本管理就是通过有效地使用包含专业知识和专门技术的系统方法去计划和控制项目资源、成本、盈利风险[①]。换言之，项目成本管理是对成本进行规划、估算、预算和控制的一个过程，以确保项目在批准的预算内完工。

（一）资源规划

资源规划是指分析、识别和确定用于项目活动的各种资源（人力、设备、材料、资金等）、数量和投入时间。在项目资源规划工作中，最为重要

---

① 张平亮.项目管理［M］.北京：机械工业出版社，2015：92-93.

的是确定充分保证项目实施所需的各种资源的清单和资源投入的计划安排。

案例分享 ···

　　长沙市某区发布社工站建设标准：

　　● 硬件设置：配备固定的办公场地、必需的设施设备，有条件的街道可设立个案咨询室、小组活动室等活动场所。

　　● 人员配备：每个街道社工站配备专职驻站社会工作者2人。专职驻站社工原则上要求年龄40岁以下，具有大专及以上学历。项目执行第一年每个站至少有一名社会工作者具有全国社会工作者职业水平资格证书，第二年至少2人通过全国社会工作者职业水平考试。

　　● 制度建设：有合理的组织架构和内部责任分工；有规范的运行流程和标准，有人员管理、财务管理、志愿者管理、服务场所使用管理以及文书档案管理等制度；有服务文书档案、服务对象数据库、服务承诺等。

　　● 标识统一：采用户外挂牌和室内挂牌两种形式，在办公场所显著位置挂设社会工作服务站标牌，标牌名称为：××区××街道社会工作服务站。

　　根据此标准，社工站建设需要的资源清单拟定如下：

序号	资源类别	资源名称	数量	投入时间	具体要求/标准
1	人力资源	社会工作者	2人	1年	年龄40岁以下，大专及以上学历
2	场地	办公场地	××平方米	1年	独立的办公用房，有条件的街道根据服务需求设立个案咨询室、小组活动室等活动场所
3	办公设备	电脑	2台	1年	
		打印机	1台	1年	
		桌椅	2套	1年	
		档案柜	1个	1年	
4	材料	上墙制度	6个	1年	组织架构、运行流程和标准、人员管理制度、财务管理制度、志愿者管理制度、服务场所使用管理制度
		站点标牌	2个	1年	户外和室内挂牌

（二）成本估算

成本估算是根据项目资源需求和计划，以及各种资源的市场价格或预期价格等信息，估算和确定完成项目活动的成本和整个项目所需资源的费用。项目成本估算最主要的任务是确定用于项目所需人、机、料、费等的成本和费用的概算。一般来说，社工站购买主体应遵循市场规律，结合社会工作服务项目特点和相关经费预算，综合物价、工资、税费、利润等因素，科学测算在实施服务项目中必要的人力成本、服务活动相关费用、管理费、税费等支出内容，合理编制政府购买社会工作服务项目预算。常见的估算方法有：

1. 自上而下估算法

这种方法主要是邀请专家，凭借其经验及知识，或者根据过往类似项目的实际费用作为依据，自上而下地估算出所需费用。该方法的过程是由上到下一层层进行的，它是一种最简单的成本估算方法，具有简单易行、花费少的特点。这种做法在项目初期或者信息不足的情况下较为常用，尤其是当项目的详细资料难以获取时，它能在估算实践上获得优势，在总成本估算上具有较强的准确性。

2. 自下而上估算法

这种方法以工作分解结构（WBS）的形式，对工作分解结构中的活动/工作包里的各项活动进行估算，为组织成本估算提供了一个框架，确保所有项目中已识别的工作都被包括在成本估算中且被评估。这种做法的前提是需要先完成工作分解结构，同时需要了解有关项目范围、所需的资源及其相关的劳动率、所需的材料成本和项目进度的知识。

案例分享 ————————————————————

某区民政部门及财务部门经过综合测算，设定每个街镇社会工作服务站每年17万元的采购预算，要求驻站专职社工2人，至少完成以下项目活动。

1. 根据街道和重点服务对象需求，每个站每年至少开展1个以上专业社会工作服务项目，每个项目至少开展大型活动1次（50人以上）、中型活动 2 次（30 人以上）、小组服务 4 个、个案服务 10 个。

2. 每个站每年需走访群众 200 人以上，开展针对老年人的学习课堂、文化活动 4 次以上。

3. 每个站每年开展志愿者培训 3 次，每次不少于 30 人；每个站每年发展注册志愿者不少于 100 人；每个志愿者每年开展志愿服务不少于 3 次，服务时长不少于 6 小时。

4. 每个站为老年人、困难群众、特殊群体链接价值不少于 5 万元的资金、物资和专业服务等爱心资源。

5. 每个站主导策划的活动或服务被区级以上媒体报道不少于 6 次，被市级以上媒体报道不少于 4 次。

6. 每季度组织培训不少于 2 次，街道社工站驻站社工每年接受市、区两级专业督导不少于 24 小时，线上线下培训分别不少于 20 小时、40 小时。

在此案例中，政府购买该街镇社工站的预算为 17 万元，除了社工站建设所需人力、场地、办公、材料等资源外，还包括完成所有项目活动指标所需的督导和志愿者的人力、材料、交通、场地、宣传印刷等成本和费用的概算。实际上在基层社工站建设中，大部分社工站的办公场地、设施设备是由街道/乡镇提供的。

（三）成本预算

成本预算是一项制定项目成本控制基线或项目总成本控制基线的项目成本管理工作，是在成本估算的基础上进行的，依据估算的结果，计算及汇总项目各项活动所需费用。社工站承接主体应根据政府购买社会工作服务项目预算，合理编制详细的项目成本预算。预算是控制成本的基础，因此，预算可以说是成本管理的关键过程。

在确定上述社工站每年 17 万元的预算测算后，承接主体需要根据项目要求制订详细的项目方案，包括所有活动指标及所需投入的人、机、料、费等，然后再计算和汇总完成各项具体活动所需资源和费用，形成该社工站的项目预算。

（四）成本控制

控制成本的工作主要是在项目的实施过程中，检查项目费用的实际执行情况，监测实际支出是否与预算出现偏差，确保已核准的变更都包括在预算中，并把变更后的项目预算通报给相关方，适当时采取纠正措施。

在社工站实施过程中，项目经理要根据投标时提交的成本预算、项目指标、项目进度等进行成本的控制。当需要进行预算变更时，要同步启动其他控制过程的变更工作，例如，在超支情况下，需要同步变更"范围管理"，减少所提供的服务，以控制成本；也需要同步变更"时间管理"，以加快项目进度。

拓展阅读 ……………………………………………

《北京市政府购买社会工作服务预算管理实施细则》

2022 年 6 月 30 日，北京市委社会工委市民政局联合市财政局印发《北京市政府购买社会工作服务预算管理实施细则》，明确了政府购买社会工作服务的适用范围、预算编制、预算执行、绩效评价与监督等多方面内容，并附政府购买社会工作服务预算测算参考标准。

一、服务费用的测算

政府购买社会工作服务项目资金测算内容一般包括业务活动成本、管理费用、其他成本三类费用。

（一）业务活动成本

业务活动成本是指为开展与政府购买社会工作服务项目直接相关的服务所发生的费用。原则上应按照与项目实施相关的具体工作逐项测算项目资金。

1. 人力成本费用

用于项目执行中发生的支付给承接机构投入项目的全职人员的费用。测算项目资金时应列明投入人员数量、投入工作量、人力成本测算标准及专业技术职称等。其中，投入工作量应按天或小时来计算。购买主体可根据人员学历层次、专业资质、工作经验等因素确定此项费用标准，可参考上一年度本市全口径城镇单位就业人员平均工资的 80%~120% 标准进行确定。

2. 服务活动及培训（会议相关费用）

用于直接受益对象开展相应活动或培训（会议）所必须发生的各项费用，包括物资费、场地租赁费、交通费等。测算项目资金时应列明具体用途、规格、单价及数量等。培训（会议）费用应参照北京市党政机关事业单位培训、会议费相关标准执行。

3. 劳务费

用于项目执行中发生的支付给在承接机构无工资性收入的临时聘用人员的劳务性费用，包括专家费、临时聘用人员劳务费和志愿者补贴等。测算项目资金时应列明人员数量、服务内容、投入工作量及劳务费标准，涉及专家费的还应列明专业技术职称。其中，投入工作量应按天或小时（课时）来计算，外聘督导人员费用按专家费进行支出。原则上，专家费应参照北京市党政机关事业单位相关标准执行；临时聘用人员劳务费标准每人每天不超过 200 元；志愿者补贴标准每人每天不超过 100 元，发放志愿者补贴的不得再以报销形式列支餐费和交通费等支出。

（二）管理费用

管理费用是指承接主体为组织和管理其业务活动所发生的各项费用。主要包括行政管理、财务管理、水电费、差旅费、聘请审计等中介机构费、固定资产支出等。

购买主体应结合项目实际情况合理安排一定比例的管理费用。管理费用不得与其他项目支出重复列支相同内容。

（三）其他成本

其他成本是指应在政府购买社会工作服务项目总预算中支付，但又无法归属到上述业务活动成本或管理费用中的费用，包括税费、为开展政府购买社会工作服务项目而产生的资产耗费或损失、因服务实施而获得捐赠物资所产生的费用等。其中，税费应按照承接单位所属的纳税人类别据实核算。

二、最低工作量的测算

购买主体应按照项目实际需要合理确定投入工作量。投入工作量一般应以项目实际所需配备的社会工作者和其他人员数量、投入时间来确定。

具体的工作量测算应包括需求评估、服务计划、前期筹备、服务实施、成效评估、服务总结、资料整理与归档等完成单项服务的全过程工作内容。

政府购买社会工作服务项目的投入工作量包括与项目相关的直接工作和间接工作。其中，直接工作包括个案工作、小组工作、社区工作及其他直接工作；间接工作则是在直接工作之外所开展的与项目直接相关的必要性工作。

根据社会工作服务相关行业标准，最低工作量的测算标准如下：

类别		工作要求/条件	最低工作量
直接工作	个案工作	1. 个案咨询：一般为单次服务，包括面谈咨询及电话、网络等线上咨询	2 小时/案
		2. 个案辅导：每例个案辅导应包含接案、预估、计划、介入、评估、结案 6 个阶段，一般服务不少于 5 次	28 小时/案
		3. 个案建档：应包含开展需求评估、信息录入等档案建立工作	3 小时/户或人
	小组工作	每个小组应包含 4 个阶段：计划制订、小组筹备、小组实施、评估总结，其中小组实施阶段由多次活动组成，一般不少于 4 次活动	35 小时/个
	社区工作	1. 社区走访：一般为单次服务	2 小时/次
		2. 社区活动：包括社区社会组织培育、志愿者增能、社区协商活动、主题活动等	社工主导实施为 16 小时/个；外聘专家主导实施为 8 小时/个
		其他直接服务主要指承接主体在除上述服务之外提供的服务，一般包括资源链接、信息管理、场地运营、社会调查、服务评估等服务活动	视项目实际需要由购买主体和承接主体共同商定
间接工作		间接工作主要指承接主体在除上述所有直接工作之外开展的与项目直接相关的工作会议、宣传、督导、培训及其他行政等必要性工作	原则上间接工作的投入工作量不低于整个项目总投入工作量的20%

二、项目预算的基本要求①

当社工站购买主体科学测算社工站采购预算后，社工站承接主体需要根据项目的服务内容及要求，合理、准确地编制项目预算。承接主体在编制项目预算时需要符合以下基本要求。

（一）切合实际

所谓切合实际就是实事求是，要根据项目的实际需要做预算，不得弄虚作假。预算里的每个数字、每一笔费用能够经得起购买方或者专家的提问，能够得到他们的认可。比如人力成本费用，一个项目人员的人力成本到底算多少，要根据他的工资和在这个项目中实际投入的时间来计算。比如一个项目经理同时负责两个项目，他的工资、奖金、津贴不能全部由其中一个项目承担，应把他一年的工资、奖金、津贴合理地分摊到两个项目预算当中去，这就是切合实际。

在做项目预算前，要了解开展项目所需的各种费用，如场地费、授课费、广告制作费、专家费等在当地的价格，包括其他机构做同样项目的费用情况。只有及时、准确地掌握各种费用的信息，做到心中有数，才能使项目预算切合实际。

（二）清晰具体

在项目预算中每一笔开支都要写得清晰具体，用在什么地方、什么用途、多少数量、多少金额，都要写清楚，要避免打统账、打包的做法。比如某社工站举办一个夏令营需要花费 2 万元，做预算时不能简单写夏令营 2 万元，因为这 2 万元到底用在哪些方面、具体用多少钱是不清楚的，需要把详细的用途、数量、金额，如做背景板、场地费、服装、保险、餐饮费、资料费、矿泉水等，每一笔开支清清楚楚地列出来，这就叫清晰具体。

---

① 徐本亮.社会组织管理精要十五讲［M］.上海：上海社会科学院出版社，2018：115-119.

（三）预算要涵盖所有活动

在制订项目方案时，项目内容、指标要具体、完整、详细，因为开展活动、提供服务都是需要经费的。如果方案做得很粗糙或笼统，应该开展的活动和服务漏掉了，将来项目实施时就没有经费支持。实际上预算跟项目计划里面的活动和服务是一一对应的。活动、服务写得越详细，做预算就越容易，这样也可以让购买方很清楚地看到资金的使用情况。

（四）要符合购买方对经费使用和财务管理的要求

不同的购买方对经费使用和财务管理的要求是不一样的，在编制项目预算时一定要按照他们的要求和标准来做。比如政府购买服务项目原则上不得用于购买固定资产，也不能直接给服务对象发钱发物品，那么在预算中就不能有购买固定资产或直接给服务对象发钱发物品的开支。如果购买方对金额有标准的，必须按照标准制定预算。

（五）要做好审计的准备

社工站经费来源于财政预算或专项资金，项目结束后一般都要进行绩效评价和财务审计，有的是购买方自己审计，有的是委托第三方机构进行审计。因此，在做预算的时候，不但要考虑项目经费的使用要符合法律法规和财务规定，比如所有的支出都要有可以报销的正规发票和凭证，而且要考虑通得过审计。

案例分享

彭主管是某社工站项目负责人，从未学过财务管理，按照社工站项目方案及进度安排计划开展志愿者培训，该培训预算如下：

预算内容	单价	数量	小计
场地费	800 元/场	1 场	800 元
培训讲师费	800 元/场	1 场	800 元
材料费	20 元/人	30 人	600 元
合计			2200 元

彭主管计划将此培训放在某个社区举办，社区领导觉得活动不错，同意免费提供场地，但因为志愿者培训是在双休日，领导提出要安排两个人员管理场地，每人发 100 元劳务费。彭主管想，原来场地费需要 800 元，现在两个管理人员的劳务费加起来才 200 元，可以为项目节约成本，就给了 200 元劳务费。但在当月进行项目经费报销时，机构会计对于此劳务费不予报销，理由是"因为预算当中写的是场地费，而现在报销的是劳务费，跟预算不一致，即使报销了，将来审计也通不过"。彭主管觉得很委屈，"自己明明为机构节约了成本，会计还不报销，是不是在为难她？"

碰到这种情况，有经验的会计就会给社会工作者一个建议，在编制场地费时，如果将来有可能会发生他人免费提供场地，而需要支付一定劳务费的情况，费用的用途就应该写场地费和管理人员劳务费。有这个用途，该案例中管理人员劳务费就可以支出，会计就可以报销，将来审计也通得过。有些社会工作者在编制项目预算时没想过类似的细节问题，认为反正有这笔经费，想怎么用就怎么用。实际不然，审计一定是严格按照预算中规定的用途和金额来审查的。

特别要提醒的是，编制项目预算时一定要有会计参加。第一，会计可以从财务管理的角度来帮你把关，保证所有预算的经费符合财务的规定。第二，可以从审计的角度保证项目经费可以报销，从而使审计能够顺利通过。

三、项目预算的核算方法和步骤

（一）项目预算的核算方法

在明确社工站项目的预算构成后，承接主体需要遵循采购主体的要求以及行业标准进行项目预算的详细核算。核算方法见表 5-2。

表 5-2　项目预算的核算方法

预算内容	变量设定	函数关系	产生顺序	说明
人力成本	a		1	从项目缔结意向到评估结束，所涉及的项目工作人员的费用，与项目团队架构对应
服务成本	b		2	为满足项目产出而开展的一系列活动必然涉及的花费
行政管理费	x	$x=(a+b)*m$ $y=z*k$ $z=a+b+x+y$	3	由于机构发展必然会涉及行政、人事和财务工作人员，而在项目设计过程中，购买方大多会在人力成本中支持项目人员，而不会支持行政、人事和财务等工作人员；此外，还包括其他一些费用无法在人力成本和运营成本中有所体现，均需由此部分费用支持
行政管理费率	m			行业内多为 5%~10%
税费	y		5	如果购买方需要承接主体提供发票，则必然会涉及缴税
税率	k			根据不同地域和税务局而不同
总计	z		4	注意不要超过购买方提供的支持额度

1. 人力成本的核算方法

例如，《湖南省基层社会工作服务站项目三年行动方案（2021—2023年）》规定，社会工作者薪酬福利待遇要逐步实现"社会工作者工资水平不低于上年度项目所在地社会平均工资 1.2 倍"的目标。根据方案，假如2022 年某社工站要求配置社会工作者 2 名，若该地 2021 年度社会平均工资为 5000 元/月，则该社工站一年期的社会工作者人力成本预算为：

5000 元/月×1.2 倍×12 月×2 人＝144000 元

以上为社会工作专业人员人力成本核算方式。如项目需要配置督导或辅助人员，可按相关专业市场薪酬指导价确定人力成本，也可按该类人员在项目中的岗位职责比对同项目社会工作专业人员，参照社会工作专业人员核算人力成本。

以上人员成本费用为全职人员核算方式。如项目配置人员为兼职人员，则按兼职人员在本项目服务时数占全职人员应服务时数比例进行折算，兼职人员薪酬建议不高于全职人员薪酬的50%。

另外，部分购买主体规定了人力成本的比例。如2022年长沙市望城区街镇社会工作服务站项目招标文件中明确规定："承接机构须确保街镇社工站社工年度薪酬福利占社工站项目年度费用的比例不低于70%，在编制项目预算时需要确保规定预算比例。"

2. 服务成本的核算标准

在核算服务成本时，要符合切合实际、清晰具体的要求，如果购买主体对金额有标准，必须按照标准制定预算。比如相关民政部门规定志愿者补贴一天不超过50元，在编制预算时就不能超过这个标准。

3. 行政管理费的核算比例

行政管理费用主要是承接机构行政、人事和财务等工作人员的薪酬福利及机构办公费用支出。一般而言，行政管理费用比例建议不高于服务购买经费总预算的10%。如购买主体有明确要求的则按要求核算。

（二）项目预算的核算步骤[①]

1. 估算成本

编制预算之前，首先进行成本估算。社工站项目成本预估可以在社工站以往运营基础上，通过类似估算法预估项目成本；也可以通过自上而下的方法，邀请专家或者根据项目的实际费用，以作推算；还可以通过自下而上的方法，以工作分解结构为依据，汇总各项活动所需费用，估算成本。一般而言，社工站购买主体将依据项目范围、项目周期及驻站社会工作者数量等因素，综合市场规律，明确社工站的采购成本预算。

2. 明确预算内容

将预估出的费用，根据预算的4类内容——人力成本费用、服务成本

---

① 项目臭皮匠. 项目百子柜：一本社工写给同行者的工具书［M］. 北京：中国社会出版社，2016：162-164.

费用、行政管理费用、税费进行划分。需要注意的是，社工站一般为政府采购服务项目，需要依照出资方或者购买方对于经费比例的要求，作出合理的预算。预算时需要注意，要预留"不可预计费用"，区别哪些是直接成本和间接成本，适当的费用按比例分配到相关的社工站预算中。

3. 设计预算表

预算表并没有一定的规格，只要清晰地展示项目所需费用即可。表5-3为项目比较常用的方案预算表，以供参考。

|实用工具与模板|

表5-3　项目层级方案预算表

支出项	说明	类型	单价	数量	小计
人力成本费用	专业社会工作者	薪资			
		五险一金			
	项目督导	薪资			
		五险一金			
服务成本费用	各项活动	物资、交通、宣传、志愿者补贴等			
	服务场地	租金、水电费			
		电脑			
		投影仪			
		打印机			
		办公、耗材费			
行政管理费用	行政支出	行政管理人员薪酬福利			
		机构办公费、水电费、物业管理费、折旧费等			
		管理人员差旅费			
	不可预计费用	处理突发事件			
税费	根据税务部门统一规定	营业税及附加			
支出总计					

案例分享 ．．．

　　WY 街道引进 A 社会组织，以社工站为平台开展 YQ 爱心零距离公益服务项目，计划在党建引领下，充分整合社会各界资源，培育志愿者骨干，以公益服务项目为载体，搭建爱心企业商家、志愿服务团体与特殊困难群体、高龄老人等群体之间的桥梁纽带，探索长效化的工作机制，建立公益生态圈，打通服务群众特别是困难群体的"最后一公里"。WY 街道要求配备 2 名具有一定工作经验的社会工作者常驻该社工站。项目内容如下：

子项目	项目活动	产出/指标
YQ 义工学院	志愿者基础培训：包括志愿服务精神、理念，志愿服务实用技巧等	· 2 次培训，每次至少 30 人； · 发展培育至少 200 名志愿者
	志愿者骨干培训，包括志愿服务项目设计与管理、志愿者骨干团建等	· 2 次，20 人/次
YQ 公益列车	困难群体探访及需求调研，做到一人一档，并对需求进行分析归类	· 建立 100 个及以上的困难人员档案； · 300 个及以上的高龄老人档案
	根据困难群体需求，开展 Y 餐厅、Y 陪伴、Y 课堂、Y 家政 4 个公益服务项目，满足服务对象陪伴、用餐、家政及成长需求	· 5 个及以上的大型活动、12 次以上的小型活动
YQ 爱心银行	依托全国志愿服务信息系统建立"爱心银行"，进行志愿者登记注册，社工站根据志愿服务时长定期进行爱心商品/服务兑换	· 6 次爱心商品/服务兑换
	优秀志愿者表彰，根据累计服务时长，进行星级志愿者表彰	· 1 次，四/五星志愿者表彰
	优秀社会组织及社区表彰，根据项目服务成效及困难人群评价进行表彰	· 1 次，表彰 10 个
	优秀志愿者、社会组织、社区宣讲暨推广	· 1 次宣讲 · 项目成果册

WY 街道的采购预算为 17 万元/年，并为驻站社会工作者免费提供办公场地及设备。A 社会组织根据某社工站项目层级方案预算表，编制项目预算如下：

支出项	说明	类型	单位	数量	单价（元）	金额（元）
人力成本费用	项目社工	工资、福利及社保	月	24	5000	120000
服务成本费用	需求调研	志愿者交通补贴、物料等	月	400	10	4000
	大型活动	物资、交通、宣传	个	5	3000	15000
	中小型活动	物资、交通、宣传、志愿者补贴等	次	20	500	10000
	宣传费用	排版设计、印刷费	册	500	2	1000
小计						30000
行政管理费用	行政支出	机构管理及财务人员津贴	月	12	500	6000
	办公室水电、租金等		月	12	350	4200
	办公费、耗材等		月	12	300	3600
	不可预计费用	处理突发事件				1100
小计						14900
税费	根据税务部门统一规定	营业税及附加			3%	5100
总计						170000

表 5-4 为一个"子项目"层级的方案预算表，其中"活动经费"以工作分解结构为基础，计算及汇总出要实现目标各项工作所需的活动经费。这种依据工作分解结构来计算活动经费的方法，有助于避免预算编制缺乏

依据，对预算经费粗略进行计算。

表5-4 某社工站"子项目"层级方案预算表（以"YQ义工学院"为例）

支出项	明细	单价	数量	总价	小计
志愿者基础培训	培训讲师费				
	培训手册印制				
	志愿者服务手册印制				
志愿者骨干培训	培训讲师费				
	培训手册印制				
	宣传费				
办公费用	交通通信				
	文具及办公耗材				
总计					

4. 确定预算，提交及批准

确定了预算格式后，即开始编制预算。编制时需要根据项目的基本要求和标准，确定后提交购买方，获得批准后，项目即可启动。

第三节 项目预算的调整

在项目实施过程中，存在着各种各样的不确定因素，导致项目实施会发生或多或少的变化，进而导致项目预算需要调整变更。而项目财务计划及执行情况对于购买方的绩效评价、组织的公信力具有非常大的影响，因此，在项目实施中必须建立一套正规的程序对项目预算的变更调整进行有效的控制。

有的承接机构讨厌项目变更，经常对变更说"不"。事实上，要认识到有的变更能给项目带来额外的价值和积极的影响。大部分的变更由以下几个原因导致：

- 购买方需求和项目目标的变化。

● 项目团队遇到技术、资源、人事上的困难和变化。

● 项目预先计划的时间和成本估计不够准确。

● 外部环境变化导致的变更，如新的法律法规的颁布、疫情防控政策的影响等。

以上这些变化都可能导致对原来的项目基准方案进行必要的更新，需要对项目进度、项目范围、项目合同、项目人力资源等进行必要的调整，最后必然会导致项目预算发生变更。

一、项目预算变更的程序

由于项目变更是正常的、不可避免的，当项目变更影响到项目基准财务预算时，需要建立一套有效的项目预算变更控制程序。如图 5-1 所示。

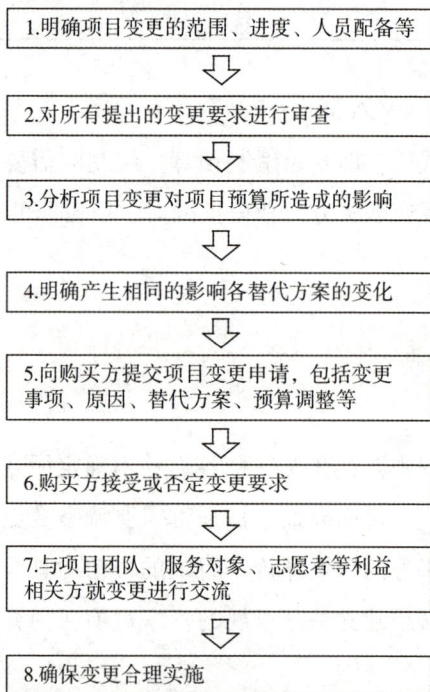

```
┌────────────────────────────────────────┐
│ 1.明确项目变更的范围、进度、人员配备等       │
└────────────────────────────────────────┘
                  ⬇
┌────────────────────────────────────────┐
│ 2.对所有提出的变更要求进行审查              │
└────────────────────────────────────────┘
                  ⬇
┌────────────────────────────────────────┐
│ 3.分析项目变更对项目预算所造成的影响         │
└────────────────────────────────────────┘
                  ⬇
┌────────────────────────────────────────┐
│ 4.明确产生相同的影响各替代方案的变化         │
└────────────────────────────────────────┘
                  ⬇
┌────────────────────────────────────────┐
│ 5.向购买方提交项目变更申请，包括变更         │
│   事项、原因、替代方案、预算调整等           │
└────────────────────────────────────────┘
                  ⬇
┌────────────────────────────────────────┐
│ 6.购买方接受或否定变更要求                  │
└────────────────────────────────────────┘
                  ⬇
┌────────────────────────────────────────┐
│ 7.与项目团队、服务对象、志愿者等利益         │
│   相关方就变更进行交流                      │
└────────────────────────────────────────┘
                  ⬇
┌────────────────────────────────────────┐
│ 8.确保变更合理实施                         │
└────────────────────────────────────────┘
```

图 5-1　项目预算变更的控制程序

需要注意的是，社工站项目实施政府采购时，购买方一般会在前期招标文件中明确：项目"采用全费用包干方式建设，投标人应根据项目要求和实际情况，可详细列明项目所需的所有费用，如一旦中标，在项目实施中出现任何遗漏，均由承接机构免费提供，采购人不再支付任何费用"。承接机构一旦中标，在相应项目周期内，项目预算总体金额不会增加，如果在社工站实施过程中需要对项目进度、项目范围、项目人力资源等进行必要的调整，承接机构可以申请变更调整项目内不同预算内容的金额或者比例，且一般建议上下浮动比例不超过 10%。

另外，社工站承接机构在调整项目预算时应注意：对项目范围、进度、人力资源等变更因素加以控制，确保只有经购买方批准之后的调整变更才能付诸执行；必须迅速地审查、分析项目变更因素和请求；做好详尽的项目变更记录；对于购买方已批准的调整变更，承接机构要纳入项目管理计划和项目文件中；及时发布调整变更信息；协调社工站整个项目中的服务指标、质量、人员配备等各种变更，完整地记录其变更对项目预算调整的影响。

二、制定项目变更申请[①]

尽管表 5-5 介绍的项目变更申请模板很简单，但是它的作用不可忽视，尤其是在为项目预算变更申请做准备时。运用项目变更申请的主要依据包括项目计划及实施方案、工作分解结构（WBS）、项目预算表等。

项目变更申请可以用各种形式和表格来体现。在为社工站项目制定项目变更申请时，可以使用项目变更控制程序来帮助进行设计，确定项目变更申请应该包含的内容。一般情况下，项目变更申请应该包括以下 5 项内容：

- 变更申请识别信息。
- 变更申请详情（包括对范围、进度、预算的影响程度等）。
- 影响评估。
- 备选方案。
- 建议。

---

① 拉斯·J. 马蒂内利，德拉甘·Z. 米洛舍维奇. 项目管理工具箱［M］. 陈丽兰，王丽珍，译. 2 版. 北京：电子工业出版社，2017：224-229.

表 5-5　项目变更申请模板

变更申请识别信息
变更名称：
变更编号：
发起人：
提交日期：
变更申请详情
说明：
实施变更的影响：
不实施变更的后果：
优先级：□ 1. 非常关键："只有变更，项目才可以继续进行。" 　　　　□ 2. 高："只有变更，项目的成功才不会受到影响。" 　　　　□ 3. 一般："变更的话，项目的价值将会提升。" 　　　　□ 4. 低："变更的话，绩效可以获得改善。"
影响评估
评估人：
成本：
进度：
资源：
可交付成果：
总结：
备选方案
替代方法：
建议
建议：
决策：□ 批准 　　　□ 拒绝 　　　□ 延期

（一）变更申请识别信息

项目变更申请的第一部分要简明扼要地说明变更申请的识别信息。这部分通常包括变更名称、变更编号、变更申请发起人的名字以及变更申请首次提交的日期。

（二）变更申请详情

这部分主要是详细说明变更申请的细节，帮助购买方决定是否有必要进行影响评估。变更申请说明需要清晰、准确地介绍变更对项目的功能、项目产出和成效的影响程度。此外，这部分还需要介绍是否有必要对项目的预算、进度及基线进行调整，从而确保变更的有效性。

项目变更申请除了介绍实施变更的影响，也要介绍不实施变更的后果。

社工站承接机构还要对申请变更的优先级进行说明。如表 5-5 所示，将优先级划分为四个等级：低、一般、高、非常关键。常用的、正式的项目变更申请的主要问题是"慢"。为了解决这个问题，在表格中添加了一个选项"非常关键"。这样，对那些紧急的变更而言，就可以获得快速的回复。这样做的目的就是让购买方了解此次变更的重要性，能够批准变更。这也意味着批复要"快"。当提出变更时，可以选择各种方式与购买方进行沟通，如面谈、电话等，但最终一定要提交书面申请，并获得批准。需要强调的是，项目的变更并不意味着可以牺牲质量、绩效、可靠性、安全性或其他因素。制定变更保障措施是在进行变更时使用的一个比较好的方法。

当获得了变更申请识别信息和优先级后，购买方需要做的就是决定是否需要进行影响评估及变更的进度是否需要加快。如果需要的话，那么会任命一名评估人，负责完成对变更的评估。

（三）影响评估

有的组织在对影响大的范围变更进行评估时，不考虑项目原始的范围（项目基线），这会导致在持续不断地进行变更时，项目目标也在不停地修改。随之而来的风险体现在项目的实际情况与最初的项目基线差异越来越大。因之，较好的做法就是对项目变更进行影响评估。

如果变更的影响很小的话，可以采取一些简易的纠偏行为，不需要对项目的范围基线、预算、进度计划和资源情况进行调整。如果变更会对工作范围、资金安排和进度计划造成很大影响，就需要重新制定范围说明书、工作分解结构（WBS）、进度计划、预算和资源安排计划。因此，在进行评估时，需要全面评估变更对范围、质量、成本及进度的影响，并将结果记录在项目变更日志或项目管理文件中。

（四）备选方案

有的购买方会邀请社工站承接机构和相关专家针对申请的变更提供备选方案。这种方法很好，建议在实践中使用。

（五）建议

项目变更申请的最后一部分就是建议及最终的决策。有三种决策方案可供选择：拒绝变更、批准变更和延期变更。

案例分享

WY 街道社工站在项目第二年（项目周期为 2019 年 9 月至 2020 年 8 月）实施过程中，原计划在 2020 年 1 月至 2 月开展一次困境儿童假期成长营、一场高龄及孤寡老人集中慰问活动及一场元宵节主题社区居民融合活动，因受突如其来的新冠肺炎疫情影响，WY 街道要求驻站社会工作者暂停所有线下服务活动，全力协助街道开展疫情防控工作。社工站负责人综合考虑疫情因素、项目指标、进度及成效，与街道沟通之后，决定调整部分项目活动形式、进度和预算，并向 WY 街道和购买方提交项目变更申请表。经 WY 街道和购买方沟通评估，最终批准该社工站变更申请。

WY 街道社工站项目变更申请

一、变更申请识别信息

变更名称：WY 街道社工站项目内容、进度及预算变更申请

变更编号：WY-001

发起人：WY 街道社工站

提交日期：2020 年 1 月 29 日

二、变更申请详情

说明：受新冠肺炎疫情影响，目前疫情防控形势严峻，市民政局及WY街道下达通知，要求全体社工站暂停线下服务活动，全力协助疫情防控工作，保障辖区内困难群体的正常生活需要。针对此情况，WY街道社工站积极响应疫情防控政策，因应居民需求，现申请调整2020年1月至2月的项目内容、进度及预算。

实施变更的影响：

（1）项目活动变更

原计划				变更后			
活动名称	时间	主要内容/形式	产出指标	活动名称	时间	主要内容/形式	产出指标
困境儿童假期成长营	2020年1月	开设安全课堂、兴趣课堂、心理成长课堂、城市探索等	5天，20名困境儿童	困境儿童假期成长营	2020年7月	开设安全课堂、兴趣课堂、心理成长课堂、城市探索等	4天，25名困境儿童
高龄及孤寡老人集中慰问活动	2020年1月	节目表演、集中物资慰问	1场，20人	高龄及孤寡老人电访&家访	2020年1月至3月	困境老人电访及入户走访，宣传疫情防控政策、发放防疫物资等	电访200名老人；家访100名高龄独居老人
元宵节主题社区居民融合活动	2020年2月	节目表演、包汤圆、趣味游戏等	1场，60人	元宵节主题社区居民融合活动	2020年2月	线上微信群直播：节目表演、包汤圆比赛、抗疫故事宣讲等	1场，100人参与

（2）项目预算变更

原计划			变更后		
活动名称	预算金额	预算明细	活动名称	预算金额	预算明细
困境儿童假期成长营	11000元	1. 场地费：2000元 2. 餐费：4000元 3. 服装：1000元 4. 交通费：2000元 5. 材料费：2000元	困境儿童假期成长营	11600元	1. 场地费：1600元 2. 餐费：4000元 3. 服装：1500元 4. 交通费：2000元 5. 材料费：2500元
高龄及孤寡老人集中慰问活动	3000元	1. 宣传印刷：1000元 2. 慰问物资：2000元	高龄及孤寡老人电访&家访	5800元	1. 通信费：200元 2. 交通费：800元 3. 志愿者补贴：800元 4. 防疫物资：4000元
元宵节主题社区居民融合活动	5000元	1. 宣传印刷：3000元 2. 活动道具：1000元 3. 活动材料：1000元	元宵节主题社区居民融合活动	1000元	活动材料：1000元
备注：变更后的项目经费差额将用于项目接下来的疫情防控需要。					

不实施变更的后果：

原有项目活动无法开展，将导致项目进度滞后。且在疫情防控期间，社区居民容易产生恐慌、焦虑等负面情绪，同时生活压力增大，特别是高龄、独居老人等困难群体，其面临的风险更大，如不及时关注，将对其身体和心理造成不良后果。

优先级：□ 1. 非常关键："只有变更，项目才可以继续进行。"

□ 2. 高："只有变更，项目的成功才不会受到影响。"

□ 3. 一般："变更的话，项目的价值将会提升。"

□ 4. 低："变更的话，绩效可以获得改善。"

决　策：□ 批准

□ 拒绝

□ 延期

......

　　本章重点介绍了项目预算的构成，项目预算核算的要求、方法、步骤和实用工具的内容。有的工具适合小项目，有的工具适合大型活动；有的工具适合复杂的项目，有的工具适合简单的项目。社会工作者在职业生涯中会经历各种各样的项目，如果想要管理好成本和资金使用，就有必要掌握这些工具的使用方法。而预算变化是常见的、不可避免的，按照项目预算变更程序进行预算的调整变更，能进一步消除或减轻风险事件，提升社会组织的公信力。

第6章

如何撰写项目方案

案例分享 ·································

　　C 城市 F 区发布了新一期街道社会工作服务站的招投标公告，T 机构准备去竞标。前期 T 机构认真研读了招标公告，决定竞争其中一个标段的服务。本标段为"老有所为"街道社工站"一老一小"品牌服务项目，招标公告中对项目的描述为：以街道辖区内老年人为主要服务对象，充分发挥街道社工站的服务职能和社会工作者的专业性，使老年居民尽快融入当地社区，实现"老有所为"，积极引导和推动老年人参与社区治理，打造具有 F 区特色的街道社工站品牌服务。T 机构在前期需求调研的基础上，经过项目筹备组充分的研讨，筛选确认了服务目标、服务策略和服务内容，构建了完整的服务项目逻辑框架。现在进入项目方案书撰写阶段，社会工作者小李发挥他的写作优势，在督导的指导下，完成了一份结构完整、层次清晰、逻辑严明、内容翔实的项目方案书，助力机构成功立项。

　　本章聚焦项目方案书的撰写，将前期的准备工作完整、准确、有条理、有逻辑地呈现给读者。一份优秀的项目书不仅要学会做"加法"，还要会做"减法"。"加法"主要体现项目书的全面性和完整性，"减法"主要体现在服务活动的精简性和服务对象的贴切性。本章将主要以 T 机构的这份项目书为例，来分享方案书撰写的结构和技巧。

第一节　项目方案书的基本框架

　　项目方案书是申报项目的必要条件，也是后期项目执行、评估的指导依据。在实务工作中，因为机构、项目购买方或出资方的要求不同，项目方案书的模板也会有差异，但所要求的内容有一些共同要素。一般而言，一份完整的项目方案书主要包括项目名称、项目背景和需求、项目理念和目标、项目服务活动，以及项目评估方式、项目执行团队、项目预算、项目风险与预案、项目可行性与项目可持续性等方面的内容（如表 6-1）。

表 6-1　项目方案书的基本框架

基本内容	书写要点	书写要求
项目名称	·命名的要求 ·命名的方式	主题清晰、简明醒目、有创新、有内涵
项目背景和需求	说明项目的重要性和迫切性： ·从大到小介绍项目背景； ·说明项目指向的目标对象和回应的问题； ·分析问题，包括问题的表现、出现的原因、导致的后果； ·资源：为项目提供支持和保障的因素； ·需求：将问题表述转化成需求表述，有层次，由重到轻地展现	言简意赅 层层推进 有理有据 （参阅第2章）
项目理念和目标	·展示服务理念的内容及其对项目的指导意义； ·明确服务目标； ·正向表达目标	层次分明 表达清晰 符合 SMART 原则 （参阅第3章）
项目服务活动	·明晰服务活动撰写框架； ·有清晰的服务主题，以及对服务活动的操作性表述	架构完整 逻辑清晰 重点突出 内容详细具体 （参阅第4章）
其他方面	·项目成效的撰写：项目成效的扩容、列出项目产出和成效； ·项目预算分项清晰，标准明确； ·项目风险和可行性等	借用图表介绍 分门别类 （参见第5章）

　　项目方案书由不同部分组成，但绝不是"板块"与"板块"之间的简单叠加，而是各"板块"之间的有机组合。在撰写过程中，可采用结构性思维，梳理清楚各个部分之间的逻辑关系，然后有序地撰写出来。在内容表述上，具体要求是："重点突出、前后呼应、分类规范、逻辑合理"。同时，项目方案书要有"颜值"，格式规范；字体、段落、行距要统一；重点部分宜用粗黑字体标黑等。

第二节 项目方案如何命名

项目名称是项目方案书的核心元素之一，它是对项目目标、内容的高度概括，呈现项目最核心的逻辑和焦点，是项目特点和创新性的展现。同时，它也呈现了项目团队的综合实力以及对项目的把握程度，往往会成为项目的点睛之笔。但是，项目命名是一个很费神的事情，既要准确表达项目的服务内容，又要力求展现项目的理念愿景，还要考虑给人良好的第一印象。

一、项目名称有多么重要

案例分享

2018 年，在深圳举办的中国公益慈善项目大赛决赛路演评审会上，来自长沙市上善助残服务中心的负责人谢向前用浓浓的长沙方言展示了自己的项目，最终成功斩获金奖。为何一个来自乡村的本土服务项目能够在众多优秀的公益项目中脱颖而出呢？

项目的品质当然是主要因素。机构租赁了 50 亩稻田，以一定价格分租给爱心人士种植蔬菜，再请当地的残友们帮忙种植打理。爱心人士可以在闲暇时来菜地劳作体验，也可以在蔬菜成熟了后过来采摘。如此一来，爱心人士就能吃到新鲜的有机蔬菜，残友们也能因此增加收入，还能带动周边农产品的销售。

但是，项目的名称也是一个非常重要的因素。最初这个农场被命名为"开心农场"，并没有什么新意，也没有清楚地表达出项目的意义和价值。后来机构的督导专家建议改名为"同心农场"，寓意着爱心人士与当地残友们共同参与农场建设，齐心协力、同心同德服务于乡村振兴与残友脱贫。最终项目的名称确定为"同心农场——振兴乡村建设，助力残友脱贫"，引发了专家评委的广泛关注，成为项目获奖的一个重要因素。从"开心农场"到"同心农场"，一字之变使项目的格调与理念得到了明显提升。

上述案例直观地说明了项目名称的重要性。具体而言，这种重要性体现在如下几个方面。

（一）好的项目名称有利于吸引资方关注

项目能否落地最终取决于能否获得相应的资源支持，因此，如何有效地争取到资方主体的资源支持成为社会工作者必须面对的核心问题。在资源有限、信息爆炸、竞争激烈的情况下，资方主体所接收的信息很多，评阅的项目也很多，他们常常没有足够精力来仔细审视每一个项目，那他们如何来评判一个项目的好坏呢？一个最简单、最直接的方法就是看项目的名称，看项目名称所带来的感觉如何。因此，社会工作者首先需要通过好的项目名称来吸引资方主体的关注、激发他们的兴趣，然后才会有进一步的了解和评判以及后续的资源支持。用更通俗的话说，项目成功的第一步始于项目名称的"颜值"，"颜值"越高越容易引发关注、越容易被理解，也越容易成功。

（二）好的项目名称有利于进行服务传播

即便项目得到了资金支持已经落地实施，社会工作者仍然会面临着两方面的挑战，一是服务身份的问题，二是服务宣传的问题。我们先来看服务身份的问题。项目落地后社会工作者就会面临一个现实的问题，即如何向项目服务对象与居民群众介绍自己的身份，究竟是说自己是政府或社区的工作人员还是说自己是社会工作者？说前者容易使自己陷入群众的过度依赖，不利于专业服务的开展；说后者民众又会感觉比较模糊，难以建立起信任关系。因此，一个比较好的选择就是说明自己项目人员的身份，如"政府为你们购买了××项目，主要是帮助你们……我是这个项目的社会工作者……"。这样就可以将自己的身份与政府工作人员进行区分，也可以与服务对象建立起更好的联系，便于后续开展服务。显然，一个好听、易懂的项目名称更有利于项目社会工作者身份的确立和接纳。

另外，项目落地后会面临一个如何让更多的服务对象和居民群众知晓并参与项目的问题。需要注意的是，民众没有足够的精力、能力或耐性来了解项目的具体详情，如果有一个朗朗上口、生动传神的项目名称，无疑会使项目更加容易被相关民众理解和接纳。所以，好的项目名称并非仅仅是形式上的好听，而是在实际的项目执行与服务中也能发挥具体、积极的作用。

（三）好的项目名称有利于进行社会传播

好的项目自然会寻求更大的社会效应，因而也需要更好的社会传播。社会工作服务项目有效的社会传播受到很多因素的影响，便于理解和传播的项目名称是其中的重要因素之一。

二、项目的表达方式

一是直白式的表达，直接陈述服务内容。2011 年，邓飞在贵州的贫困地区发现，乡村孩子集中上学后中午无法回家吃饭，很多孩子因此常常忍饥挨饿。同年 4 月，邓飞联合 500 名记者、国内数十家主流媒体和中国社会福利基金会发起免费午餐基金公募计划，倡议为贫困学童提供免费午餐。"免费午餐"的项目名称简洁直白，迅速被人们理解和支持，获得了社会公众广泛关注和热情参与，取得了巨大成功。

二是意境式表达，结合服务对象的特点或服务内容与服务理念，用正向积极的语言进行总结提炼，将项目最有特色和亮点的地方凸显出来，让读者产生画面感。2011 年 6 月，记者王克勤联合中华社会救助基金会共同发起"大爱清尘·寻救尘肺病农民兄弟大行动"，该项目以尘肺病人及其家庭为主要救助帮扶对象，以"扶助尘肺家庭，消除粉尘危害"为使命，致力于实现"天下无尘，自由呼吸"的愿景。"大爱清尘"传神地表达了汇聚社会大爱、扶助尘肺家庭的项目理念。

意境式的表达不可随意编撰，一定要贴合服务对象的特点、凸显项目的特色、准确反映项目的本质。比如"向阳花开"是个很有意境的名称，但很明显它仅适用于针对儿童的服务项目，用于老年人服务领域就不合适。

常见的意境式表达有以下这些形式：

数字类：通过数字简单明了突出项目机制，如"一核双社三维"社工站建设项目。

对称类：包括字数相等、结构相同、意义对称等，看起来整齐醒目，读起来朗朗上口，集中项目内容。如"同行无碍，倡响未来"残障人士无障碍倡导计划。

吸睛类：剑走偏锋式地以特别的词语吸引眼球。可以用一些热点事件、任务借代的方式突出项目含义，如"拉姆们，拒绝家暴！"××家暴项目、"滚蛋吧，肿瘤君"肿瘤患者社工服务项目。

谐音类：通过谐音的方式，表达双层含义。如"'疫'"起同心高龄长者医疗救助服务、"医"路友爱工伤患者互助计划。

三、项目名称如何凸显主题

项目名称要能让读者一目了然，看到名称就能领会项目的主旨。那项目名称如何做到主题清晰呢？可以在项目名称中通过凸显服务对象、服务内容、服务目的这三个要素来实现主题清晰的目标。

一是服务主体与关系的呈现。这种类型简单明了突出项目机制，呈现的是项目执行过程中参与的主体以及主体之间的角色关系，如"五社联动"、双社协同、"红社引领"、"一核双社三维"××社工站建设项目。

二是服务理念与服务内容的呈现。这类主题重点在于凸显项目服务内容或服务策略。比如"社区为本的家庭病房综合养老服务项目"，社区为本是专业的服务理念，家庭病房是具有创新性的服务策略，综合养老则体现了服务内容的多元性，这个名称通过三个元素的组合，不仅清晰准确地反映了项目的整体规划，并且将重点自然地凸显出来。前面提到的"免费午餐"计划、"同心农场"等都属于这种类型。

三是服务预期与成效的呈现。这类主题重点突出项目目的、目标。如2021年湖北新时代文明实践志愿服务项目大赛的金奖项目——"万家无暴"，反映了湖北省监利市蓝天下妇女儿童维权协会致力于反家暴的终极目标和愿景，就很能打动人。还有大家熟知的"希望工程"、近年社区治理的典型案例桂城社区的"创建熟人社区计划"都属于这种类型。

四、项目名称怎么写才有创新

了解了项目的命名类型和方式，我们可能还会遇到两个问题，怎么才能写出有新意又不随意，做到让读者看到标题就会在心里有画面感和项目设想呢？创新可以从服务对象、服务理念、服务内容、服务模式、创建本土关联等方面入手，尤其是对本土元素的挖掘。某社工站在社区做服务时，鼓励退休党员做志愿者，疫情期间去关爱高龄长者，此做法并没有太多创新。后来该社工站结合本土化发现，这些退休党员中当年留下来的知青居多，那么用知青文化凝结起来的党员志愿服务队就形成了。后来该社工站又发现被他们关爱的高龄长者多半是跟家里人住一起的，不是独居老人，但是年轻人白天上班，晚上才回来，于是创造了一个"昼独居老人"的概念，整个项目串联起来，就是知青文化凝结的党员志愿服务队关爱"昼独居老人"的项目，一股浓浓的本土气息扑面而来，让人印象深刻。

这一部分内容将会在第 7 章第一节具体阐述，这里不再赘述。

案例分享

T 机构将 C 区竞标标段的社工站服务项目命名为"夕阳东照"社会工作站项目。

"夕阳东照留余晖"，夕阳西下，余晖的光芒亦能照亮大地，火热人心。"夕阳东照"寓意老年人的余热能够照亮街道和社区，给有需要的人带来温暖和希望。社工站将致力于为三个街道的老年人广泛参与社区服务、发挥自身能力和优势提供资源，并为个人与自组织能力培育、专业服务咨询、品牌打造和专业服务示范等搭建平台。

第三节　项目背景和需求怎么写

项目背景和需求是项目的起点，是向读者介绍项目设立的原因、它能够帮助什么目标群体解决什么困扰，以及这些困扰的解决对于目标群体生活的改善能发挥什么作用。

在开始撰写背景和需求时，是不是感觉无从下笔，有没有这样一些困扰：

背景和需求要写什么内容？

背景写到哪一个层次？

问题和需求怎么描述才能引起读者的关注？

要介绍哪些资源，怎么描述资源和项目的关系？

一、项目背景由大到小

项目背景的撰写就像社工扛着一架摄像机，带领读者跟随镜头由远及近了解项目所处的大的社会背景，再逐渐聚焦项目实施地的基本情况，最后定格在目标对象及其面临的问题和需求上。它的功能就在于引出服务目标对象及项目回应的问题，澄清服务契机。

（一）介绍项目大背景

项目大背景是项目面临的社会背景，包括政策背景和目标对象问题在更大范围的表现。

选择关联性最强、时效性最佳的政策。获得政策支持是社会工作服务项目强有力的保障，回应国家发展战略和地方规划也是社会工作服务项目的职责所在。在服务立项时，要仔细研究项目所涉及领域的相关政策规定，在撰写背景时，可摘取这些政策支持的关键性句子作为支撑。当然，背景和政策要精准，不要写在那里自己都不知道是什么。政策背景常用的表达范式是"为了贯彻落实……政策"或是"在××政策中提出……"。

比如，一个跟老人聊天的项目，它的大背景和格局是什么呢？是党的二十大报告提出的"推进健康中国建设"的要求："人民健康是民族昌盛和国家强盛的重要标志。""把保障人民健康放在优先发展的战略地位"，"实施积极应对人口老龄化国家战略，发展养老事业和养老产业，优化孤寡老人服务，推动实现全体老年人享有基本养老服务。""重视心理健康和精神卫生。"等。是国家卫生健康委实施老年人心理关爱项目的延伸，是国家 22 部委联合发文《关于加强心理健康服务的指导意见》的具体实践。疫情特定时期的举措，可以是新时代文明实践、民生实践的范例。如果服务聚焦社区治理领域，则可用党的二十大报告关于社区治理的论述作为政策背景："健全共建共治共享的社会治理制度，提升社会治理效能。""完善网格化管理、精细化服务、信息化支撑的基层治理平台，健全城乡社区治理体系"，"建设人人有责、人人尽责、人人享有的社会治理共同体"。

介绍目标群体及其问题在全国或地区层面的表现。站在全国的角度审视服务项目的问题，能够体现服务项目的"社会"视角，反馈服务项目回应了社会的发展诉求。在书写时，尽可能采用能够展现整体状况的数字来描述，如人口占比、问题发生率等，避免使用模糊的文字描述来呈现问题，以便给服务项目利益相关方一个清晰的整体图像。在社工站项目中，这部分情况表述介绍的范畴取决于项目本身的特点，如果是地方独特性问题，则须有更大范围的情况描述；如果是社会共性问题，那可以将情况介绍升至省级层面。

（二）聚焦项目小背景

项目小背景就是把镜头拉回到项目实施地，回到当地层面讨论服务项目的问题，主要交代项目实施地的基本情况、目标对象的焦点问题。对于项目实施地的基本状况，可以简明扼要地描述地理环境、人口状况、文化特色、突出问题等。小背景撰写重点落在明确指出项目实施地目标对象的焦点问题并加以分析，具体描述问题是什么、问题为什么会存在、问题会导致何种严重的结果。在撰写时，可以尽量精练简略地进行叙述，除了需要运用清晰的数字来陈述问题之外，还可以适当结合感性的问题描述。

比如，对于一个老年人服务项目，其背景按照从大到小的顺序进行排列可以是：老龄化社会的加快，党和政府出台××政策，体现政府重视……，项目实施地人口××人，老年人××人，占比××……

项目背景的篇幅大小取决于项目方案书的详细程度。一般情况下，项目背景所占篇幅为全文的六分之一到七分之一。

案例分享

回到 T 机构申报的 F 区社工站项目，前面已经提到本标段的服务目标群体是老年人，回应的问题是如何实现"老有所为"，根据项目的描述，看看这个项目的大背景需要撰写哪些内容？

对应"老有所为"的项目诉求，在政策背景的选择上，可从积极老龄化、老年友好型社区建设等方面寻找支持性内容。

习近平指出，各级党委和政府要高度重视并切实做好老龄工作，贯彻落实积极应对人口老龄化国家战略，把积极老龄观、健康老龄化理念融入经济社会发展全过程，加大制度创新、政策供给、财政投入力度，健全完善老龄工作体系，强化基层力量配备，加快健全社会保障体系、养老服务体系、健康支撑体系。① 2020 年《国家卫生健康委关于开展示范性全国老年友好型社区创建工作的通知》中提到，"扩大老年人的社会参与。引导和组织老年人参与社区建设和管理活动，参与社区公益慈善、教科文卫等事业，支持社区老年人广泛开展自助、互助和志愿活动，充分发挥老年人的积极作用。"重视和引导老年人参与社会服务与社会事务是积极老龄化的重要内容。近年来，C 市为贯彻落实国家新时代老龄工作的决策部署，积极作为，着力改善人民生活品质，启动市老干部（老年）大学择址新建工作，加快老年关爱型城市建设。F 区民政局持续开展特殊困难群体"八大慈善救助"，推进精准救助帮扶，落实各项老龄福利政策，推进社区养老全覆盖。F 区人社局持续升级人才政策，实施"五大人才工程"，着力引进高精尖人才、青年人才，充分发挥老专家、老教授、老工匠等作用。

接下来，围绕 F 区 D 街道目标群体（老年人群体）的情况，以及"老有所为"的总体情况进行概括性介绍。

F 区 D 街道下辖 3 村 4 社区，常住人口 5.45 万，其中：70 岁以上老年人 3500 多人，80 岁以上高龄老人 1300 多人，一、二级重残儿童 5 人，低保家庭儿童 22 人，孤儿 2 人，以其中的 3 个社区居多。其中 S 社区总人口 3100 余人，住户 740 户，60 岁以上人口 825 人，占比 26.61%，属于高度老龄化社区。D 街道辖区范围内有一所高校、多家企事业单位，许多退休的教师、公务员和企业员工居住在单位所在的社区，有服务社会的意愿和能力。同时 D 街道及各社区均重视养老服务，近年来，各社区利用惠民资

---

① 习近平对老龄工作作出重要指示［EB/OL］.（2021-10-13）［2022-11-01］. http://news.cnr.cn/native/gd/20211013/t20211013_ 525632406. shtml.

金通过购买服务引进了 5 家社会组织为社区困境老人提供专业系统的服务，形成了"百姓议事会""乐龄之家""龙情汇""三社联动"志愿服务等老年人服务品牌。同时，社区居委会积极鼓励社区老人组建老年人兴趣社团和自组织，引导老年人发挥自己的优势和能力自我服务外，也为社区困境老人和困境儿童提供力所能及的服务。然而，D 街道在为老服务的过程中尚存在服务宣传力度不够、缺乏专业支持、资源缺乏整合等问题。为此，挖掘和引导老年群体力量参与社区服务、实现已有社会服务资源的整合，既能实现老有所为，又能优化升级服务品牌，是目前街道社工站服务的重要领域。

二、需求分析由重到轻

在项目书撰写过程中，需求分析有两种处理方式：一种是将其作为项目小背景，直接呈现在项目背景里；另一种是单独作为一部分，以"需求分析"或"需求评估"为主题进行详细介绍。这两种方式的差异只是对问题和需求描述的细致程度不同，其包含的内容却是一致的。

需求分析是对需求调研报告内容的浓缩，是从需求调研报告里抽取关键内容进行阐述，主要包括问题的表征、问题的成因、后果和具体需求。本书第 2 章对项目设计基本流程中的问题识别、需求分析等已经有了具体的介绍，这里就不再赘述。下面具体介绍需求分析的成文方式和语言描述风格。

一是避免"大"而"空"，要有事实有数据，凸显项目实施地的特点和需求具有的独特性。还可以使用一些感性的表达，以便在情感上打动读者，引起他们的共鸣。表达要有逻辑，聚焦问题，且有一个简明完整的逻辑链，要说明项目的起因、逻辑上的因果关系、受益群体及与其他社会问题之间的关联等。对问题的陈述，既要有表象、有原因分析，又要有对策建议，清晰明了地告诉读者什么问题需要解决，并会获得什么样的解决方式。

二是需求分析最先写"痛点"，重点写"痛点"。什么是"痛点"？当然就是我们锚定的焦点问题。可以运用问题识别"5W + 1I"法则组织内容，具体细致客观地描述问题。

第一个 W（What），是指描述与项目相关的焦点问题，例如某社区的长者自杀率上升、某社区的青少年辍学率上升、某社区的失业青年很多等。

第二个 W（Where），是指这个问题在哪里发生。

第三个 W（When），是指这个问题是什么时候开始发生的，问题造成的影响持续了多长时间。

第四个 W（Why），是指什么因素导致了这个问题的产生。

第五个 W（Who），是指哪些人会受到该问题的困扰，有多少人受到困扰，被该问题所影响的利益相关者有哪些，与之相应受到的影响内容有哪些。

1I（If…then…），是指倘若不处理该问题，会产生什么后果，描述的是恶化或上升的可能性。

那么将"5W+1I"连起来，就是指在什么时候、在哪里、有什么社区问题，哪些人受到了影响，为什么会发生，如果不解决这个问题将会有什么后果。

例如，在2021年，J社工站服务项目针对的是××街道中学生辍学人数上升的问题，其原因可能是该地区教育资源有限，也可能是因为该地区家庭教育缺失，如果这个问题不及时解决，这些中学生就很有可能会被边缘化，影响该地区正常的社会发展，甚至造成该地区教育层面的恶性循环。

三是问题与需求具有辩证的联系关系，它们是相对应的，在了解社工站的社区服务项目背景与需求状况时，无论是从问题识别角度还是需求识别角度，只要能准确识别困难并对症下药，都是可行的。因此，我们写需求分析的时候，既可以从服务对象面临的问题角度出发，也可以从服务对象的需求角度出发。

从问题角度出发，就可以采用上述"5W+1I"的格式组织内容。从需求角度出发，就可以将需求分为不同的类型，在撰写时既要说明问题，又要指向服务内容。一般的写法是：针对服务对象开展定性或定量的研究或调查，发现存在什么样的问题，是什么原因引起的，用何种策略或方式应对。有时，同样的问题经过调研后会发现背后的需求却是不同的，那么服务的方向应该也会有差异。比如"老年人存在就餐困难"这个问题，需求有可能是需要老年食堂，也有可能是需要送餐服务，还有可能是需要定制餐。

案例分享

T 机构决定以问题和需求相融合的方式撰写这部分内容。

通过调研 D 街道为老服务的需求发现，社区为老服务日益受到街道与社区的重视，分别引入社工机构、养老机构，出台了一些为老服务的相关举措。总体上看，社区为老服务获得快速发展，但依然存在着一些问题和不足。通过对街道、社区、社区骨干和居民的需求进行整理后发现，具体需求包括如下几个方面。

1. 打造优质老年志愿者服务队伍的需求。街道希望能够发挥"民智"作用，发动辖区高校、院所退休老人参与社区治理，服务社区困境老人和儿童。虽然各社区活力老人较多，但是社区参与的自主性较低，在参与社区建设与发展的主动性上，有 77% 的老年人选择看情况而定，选择立即行动的比例为 18%，其中有 5% 的老年人选择不介入为好。这说明大部分老年人参与社区治理与发展共同事务的积极性不高。而自主性较低的原因非常复杂，比如价值的弱化、能力的不足、氛围不够、缺乏有效激励机制等。从另一个角度去探寻，发现活力老人群体中很大一部分是有社区参与的意识和基本能力的。

2. 资源整合与共享的需求。虽然街道各社区各自拥有相对丰富的人力、场地等资源，但是服务资源分散，未被有效地挖掘、动员和整合起来。社区内多家社会组织虽然有一定的活跃度，但是联动不足。不同社区之间的资源，因缺乏交流平台，很难实现资源的共享和优化。本项目依托社工站整合各社区的为老服务资源，并让为老服务资源在街道内社区间实现共享，为街道各社区联结外部为老服务资源，并建立为老服务资源库。

3. 社会组织专业支持的需求。社区引入和自主培育的社会组织目前都面临着一个问题，有服务意愿，但是服务专业性不强，需求发现能力不足、服务策略不当、服务难以优化升级形成品牌等。这种情况如果长期存在，一方面是对服务资源的浪费，另一方面也是对社会组织服务热情的消解，同时也很难满足街道对品牌打造的诉求。围绕社会组织在专业支持、专业人才引进和队伍建设、服务品牌打造和宣传等方面的需求，提供恒常督导、技能培训、服务咨询、品牌包装、服务清单制作等服务，以提升各社会组织的服务能力和专业性。

4. 精细化帮困服务需求。辖区现有的服务基本是针对社区一般性服务群体，没有社区和机构对焦困境老人和困境儿童，并为这类群体提供服务，所以下一步辖区街道在服务居民的同时要为辖区困境人群提供服务。

三、项目资源由内而外

项目可运用的资源包括两个部分：项目服务目标对象自身拥有的改变能力和外部存在的改变资源。陈述的重点在于资源与项目的逻辑关联，即哪些资源在哪些方面何种程度上有助于项目核心问题的缓解或解决。一般情况下，先介绍目标对象自身拥有的能力，比如，D街道社工站项目所服务社区低龄老人的规模、服务意识（有公益心）、服务能力、身份和资源网络，有利于成立老年互助服务平台。再介绍社区拥有的资源，比如，D街道社工站项目服务社区已有的服务基础，可以提供人力和组织资源，营造的社区互助氛围为服务创造了良好的环境基础。

第四节　项目理念与目标如何写

一、项目理念怎么写

项目理念是指服务项目设计中采用的理论指导框架。理论的指导意义在于依据理论寻找介入方法并在此基础上设计服务内容，这一步骤是非常关键的环节，有理论依据、有介入方法相对会有较高的正确率。因为社工站的服务项目时间跨度较大、服务范围较广、服务人群较多，可能既涉及宏观层面，也涉及微观层面，因此一个指导理论可能无法涵盖所有的服务内容，所以建议可以挑选两个理论作为服务项目的指导理论，一个偏宏观、一个偏微观、一个作为主导理论、一个作为辅助理论。

（一）阐释理论对项目的指导性

选定适配的理论后，重点描述项目理念的两个方面：其一，介绍理论的核心概念和主要内容；其二，理论指导服务开展的基本原则和主要策略。① 侧重点在于后者，因为后者展示了项目设计的逻辑。

通常的写作格式是："本项目采用的理论如下"，然后另起一行，"×××的×××理论"，简单地阐述一下理论的内容，将理论与活动结合起来，活动是怎么体现这些理论的。比如，雅各布·莫雷诺的心理剧主要立足人本主义和会心交流哲学。心理剧除了让参与者能够以开放的方式表达自我、探索自我外，它希望在一个安全的团体中的角色的自发性和创造性的力量，能够带来新的看法和行动的可能性，因此，它的焦点是人际关系。莫雷诺还认为，人际关系网络构成的社会原子是排斥还是吸引，不是在于情绪，而是在于选择。为此，社会工作者

---

① 童敏. 社会工作专业服务项目的设计：实践逻辑与理论依据 ［M］. 北京：社会科学文献出版社，2020：88.

希望通过暖身活动，带领成员尝试以开放的形式进行自我表达和探索，进一步再通过对朋辈和家庭关系网络的探索，寻求新的看法和行动，增进儿童快乐原动力。

案例分享

某社工站今年的重点服务领域是社区治理，在社区治理领域注重对本地资源的挖掘和整合，那我们可以选用资产为本的理论：1993 年美国学者约翰·克雷茨曼（John P. Kretzmann）等提出了资产为本的社区发展模式，"社区需求取向"的理念强调调查和挖掘社区需求，但因外部力量单向介入、主体错位与忽视能力建设等因素，现有的街区资源和社会力量往往无法回应上述需求。而"资产导向"模式则更注重街区现有资源的挖掘与运用来匹配需求。资产为本的三大实践理念归纳如下：

第一，资源清单，即依赖街区资源的供给，识别、挖掘、整合并充分运用街区内部的人财物等资产或优势，实现发展性社会工作。

第二，内在取向，即依靠街道社工站的枢纽平台，将居民能力与在地化资源相结合，创造出新的社会资产，推动街区发展。

第三，关系驱动，即重视社区关系与资产关系的建立，强调居民与社团之间接触，重视培育社区组织与社会支持网络等内生力量。

（二）图示展示项目理念

采用图示的目的在于用简练直观的模式展示项目的理念，以及理念对服务设计的指导意义，强化读者对项目逻辑的感知。常用的图示方法有思维导图、流程图等。

以上述社区治理的"资产为本"理念为例如图 6-1 所示：

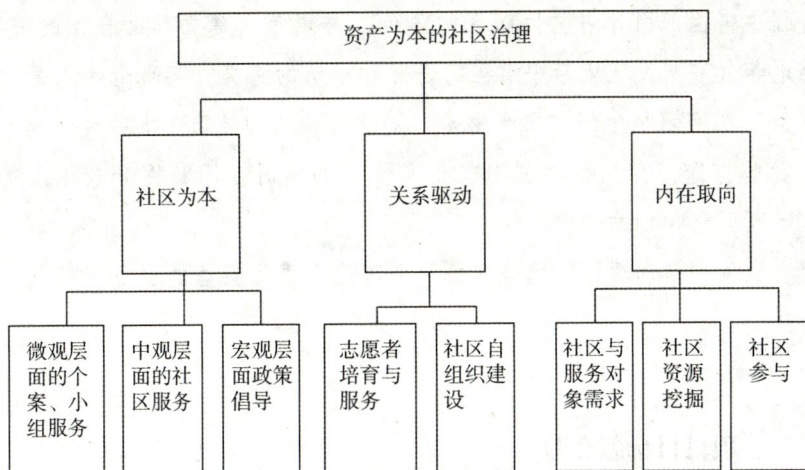

图6-1 某社工站社区治理项目服务策略图

案例分享 ···

　　回到"夕阳东照"社工站服务项目。对应"老有所为"这个核心诉求，匹配的理论主要是：

　　活动理论。老年人的生活满足感与活动之间有密切的联系。老年人如果能尽可能保持、延续中年时的活动，就能很好地调整和适应晚年生活，并对晚年生活感到满意。老年人可以找到其他东西来替代工作，用新环境中的人替代旧友。因此，主张老年人应通过新的参与、新的角色来改善老年人由于社会角色中断引发的情绪低落，用新的角色取代因丧偶或退休而失去的角色，在社会参与中重新认识自我，从而把自身与社会的距离缩小到最低程度（理论内容）。本项目通过创造参与平台"伙伴关系营"，为老年人提供服务社区的机会，在服务他人的过程中，引导老人重新认识到自我的价值和意义（理论对项目的指导）。

　　优势视角。强调"淡化问题，关注优势"，关注人的内在力量和优势资源。优势视角寻求识别、利用、建立和强化个体已有的优点和能力，它强调人的能力、价值、兴趣、资源、成就和抱负在满足自己需要和解决问题中的作用。问题视角将关注点聚焦在案主面临的问题和困难上，优势视角将关注点聚焦在案主自身的能力和优势上。社会工作者在和老年人的互动过程中需担任引导者、协助者的角色，与老年人建立互助合作的关系，协助老年人一起发现生活中潜在的资源和生活的意义，实现老年人是"照料负担"的问题视角到"宝贵财富"的优势视角的转换。本项目通过"创优"品牌打造，在挖掘和利用老年人优势的同时，不断提升老年人的能力，不断强化他们的优势。

项目依据活动理论和优势视角两个理论形成了具体的服务策略（参见图4-1）。

二、项目目标怎么写

（一）目的和目标分开写

前面已经详细阐述了项目目标的概念、分类以及确定过程，在撰写目标时，要将目的和目标分开来写。为什么一定要分开撰写呢？是为了让读者既能够通过目的了解我们项目的远景，同时也能感知到项目的远大规划将会如何通过一个一个可操作的目标去实现。目的和目标就像两个索引，带领读者去逐步认识到项目的全貌，去领悟项目的逻辑性。

（二）目的不是关键词的随意堆砌

目的的写作方式是以建议解决方案的方式叙述问题。常用提升、提高、协助、发展、增加等关键词。比如，如果老人容易发生居家安全事故，一个合乎逻辑的目的是提高老年人居家安全意识和安全指数。

在撰写目的时，你有没有遇到这种情形，把所有可能的形容词、关键词都用上，整合起来，凑成一段问题，使目的看上去非常"高大上"。比如：

针对街道老年人的实际情况及需要，为社区老人搭建服务平台，构建社会支持网络，满足社区长者的健康、情绪、社交等多元需要，促进健康状况，提升生活质量，加强健康自我管理，丰富精神世界，为长者营造一个健康舒适愉悦的生活环境，达到老有所依、老有所医、老有所养、老有所乐的社区愿景。

虽然目的是对项目期望达到的终极状态的一个概括性描述，只要提供整体方向就可以了，但也不等于可容许堆砌过多无关的文字，让项目失去了焦点。就如同上面的目的表述，读者读完后会认为这是一项针对社区独居空巢老人的综合性服务项目，偏离了项目专注于独居空巢老人慢性病管理的主题。

如何书写恰当的目的呢？首先，了解其功能。一个项目的目的说明了项目对某社会问题的关注（是对某个项目的回应），认为其应加以处理，并为此提出解决方案。因此，目的不能凭空想象，随意拼凑，而应与项目回应的问题保持一致。其次，需要精简且有力地表述项目团队以及其所在机构在回应问题时所采取的立场。①

既然不是凭空想象，那从哪儿探究？第 3 章目标树里的树干和树枝分别代表了项目重点和积极后果，也就是项目期望达到的终极状态。书写目的时，可以参考前期完成的材料。

目的如何写得精简有力呢？一个目的应包含以下元素：

- 项目服务对象；
- 服务对象的改变范围；
- 项目方案最终希望达到的理想状态。

以上目的描述可改为：

提升社区空巢独居老人自我健康管理能力，降低因疾病带来的心理压力和小病变大病的概率，达到每位老人居家安心，营造健康宜居的社区氛围。

案例分享

按照上述方法，"夕阳东照"社工服务项目可将本标段项目服务目标设定为：

项目通过"党建引领+多方联动+专业服务"的服务模式，在"一平

---

① 项目臭皮匠. 项目百子柜：一本社工写给同行者的工具书［M］. 北京：中国社会出版社，2016：125-126.

台一精品"服务框架和以人为本、在地化原则、主体参与等理念的指导下，依托街道社工站的服务平台联系街道、社区实际，围绕老年人多元化服务与社区公共服务问题及需求（项目对象），一方面为街道打造一个集资源整合和共享、能力培育、领袖培养、专业服务咨询和品牌打造的多元化平台（服务范围）；另一方面利用社会工作者的专业优势和能力，结合各街道和各社区困境老人和困境儿童的个性化需求，充分利用各街道和各社区已有的老年人服务资源，从伙伴关系、互助养老、精细化社会救助等角度为困境老人和困境儿童提供"一街道一精品"专业社会工作服务示范，并通过精品专业服务满足困境老年人、困境儿童的多元化需求（改变范围）。通过鼓励老年人参与，增强困境老年人和困境儿童的获得感、价值感、幸福感、安全感，促使老年人通过"有为"实现"有价值的养老"，助力推动打造共建共治共享的社会治理格局（理想状态）。

（三）目标体现 SMART 原则

在很多项目方案中，我们常常可以看到项目目标不清晰的情况，项目目标设计常带有模糊、笼统、抽象等问题，使得目标形同虚设。要使陈述的项目目标清晰、操作性强，就要遵循 SMART 原则，并且需要避免将目标写成活动或者服务指标。

项目目标撰写的一般范式是：通过完成几件事、几个步骤，可以带来何种结果（问题解决、需求评估、其他扩展成效等）。

要将项目目标写得清晰并且有可操作性，可以运用 QQT 技巧。

"QQT"是在基本目标的基础上逐渐加入数量、质量和时间期限，[①] 把目标书写过程分成三个步骤，其中：

Q（Quantity：数量）指改变的程度，以表述多少人有所改变、有多少程度的改变，与 SMART 原则的"可测量的"相同。例如，80%的参与者至少能阅读完一本书籍的 20 页内容。

——————————

① 项目臭皮匠.项目百子柜：一本社工写给同行者的工具书［M］.北京：中国社会出版社，2016：127.

Q（Quality：质量）指改变的具体内容，与 SMART 原则的"具体的"相同。例如，参与者至少能阅读完一本个案辅导书籍的 20 页内容。

T（Time-bound：有时限的）指达到改变的时间，与 SMART 原则的"有期限的"相同。例如，参与者在一小时内至少能阅读完一本个案辅导书籍的 20 页内容。

在陈述目标的时候，如果一个项目同时要求设定目标和指标，则目标一般没有要求量化；而如果只要求写目标，那么需要尽量量化。无论是细化的目标或指标，都是一个项目的成果体现，一个好的项目一定要有清晰的成果。

案例分享

以"夕阳东照"社工站服务项目的目标为例，基本目标是搭建综合服务平台，形成特色服务项目。

第一阶段服务目标：项目的前 3 个月内（时间），以党建为引领，结合街道重点工作，与辖区社区、社会组织、企事业单位建立关系（行为），搭建服务平台（结果），开展服务工作；准确把握服务对象需求，对于重点服务对象做好建档和相关服务跟进，对于一般服务对象探索适合的服务模式，形成服务系统。

第二阶段服务目标：项目中期，提升服务宽度与深度，培育 3 支社区居民骨干力量，每支队伍规模不少于 50 人，着力社区倡导、能力建设与培育等服务，结合社区特色项目的打造，进一步提升服务群体社区参与能力，丰富社区精神文化生活；弘扬老年人长者风范，拓宽老年人服务社区的参与渠道，传承关爱互助精神；联动社区资源，引入党员参与，关注社区自主管理，积极推动幸福街道的建设发展，提升社区居民的获得感。

第三阶段服务目标：高效整合社区多方资源，深化、巩固服务成效，精细化帮助困难群体充权增能，提升困难群体的自助意识，在稳定发展特色服务的基础上，培育党员居民志愿团队、老年自组织养老服务团队等，打造社区品牌文化亮点，实现"一街道一精品""一社区一品牌"。

（四）目的和目标都需正面表达

示例1：表述一：我要减肥

表述二：我要成功塑造健康身形

示例2：表述一：减少排斥

表述二：促进社区融合

上面两个例子中的两种表述，你更喜欢哪一种？为什么？

相信绝大部分读者更中意第二种表述，因为从表达中可以看到希望、看到服务对象的正向转变以及转变的方向和范围，从而有了行动的动力。

因此，在目的和目标的表述上建议大家采用正面表达。即采用可观测变化的动词，运用正向的语言进行描述，并从内心认可这种服务对象可能发生的转变。例如，在社区层面，用改善、增强、强化、促进等；在个人层面，用认识到、学会了、能做出、能说出、掌握了等。

第五节　项目服务活动怎么写

前面的背景、理念和目标告诉读者项目为什么做、做什么，服务内容则是回答"怎么做"的问题，也就是围绕具体目标，通过什么方法、提供哪些具体的服务活动，这些活动有哪几种类型以及每种类型活动的数量有多少，以解决项目前期所提到的问题，达到既定的目标。这一部分必须保持与需求、目标的逻辑一致性，并且做到结构完整、主次分明、条分缕析、详细具体。一是对应需求和目标设计服务内容；二是采用模块化的方式架构本部分的内容，每一模块确定一个主题，每个主题采用总分的方式叙述；三是在内容表现方式上，除用文字介绍，还可以多用图表。

一、服务活动的呈现方式

表格列举式。主要交代在不同阶段的时间划分、主要目标、工作内容等，用表格来列举，较为直观清楚。尤其是在介绍活动安排的进程时，前面第4章已经介绍了甘特图，这里不再赘述。

　　总分描述式。首先介绍服务内容的主题，然后介绍具体的服务方式和服务指标，解释服务内容如何实施。这种方式可以和表格列举并用。

　　附件补充。项目方案书的要求是语言简练而精确，为了确保方案书的完整性和连贯性，对于需要详细说明的服务活动，比如对小组工作进行细致解说，可以采用附件的方式而不是放在正文部分来补充介绍。

　　特色服务重点介绍。项目服务内容设置中，如果有特色类服务，可以将其另列一部分进行细致阐述。

二、服务活动撰写框架

　　撰写者可以从读者的视角来思考。大部分读者希望能在短时间内一目了然地知道项目具体要做什么事情，这些活动是否专业、有没有特色。而最关键的是能够知道项目要怎么做，而后才会有判断。

　　为了避免读者看完方案书后出现不知所云的情况，撰写这部分内容时不能只以简单的关键词来描述活动内容，需要较为全面地展示背后包含的大量工作。因此，通常采用的服务活动撰写框架结构是：

　　"活动主题（总括）+活动目标+服务方式+服务指标"。

　　活动主题用来总结概括服务内容，而活动目标、服务方式和服务指标是对活动主题的解释，让服务活动具有可操作性，便于读者明白项目具体做什么、做多少。解释性的内容尽量用逻辑性语言组织，比如，"通过……手段，达到……程度；运用……方法，实现……改变。"更细致的方案书可能还会加上一栏"备注"，用来提示活动实施过程中需要注意的事项等。

案例分享

"夕阳东照"项目服务活动

　　根据项目目标，项目团队从横、纵两个方向对项目服务进行逐层分解，横向上分解出"创优"平台和"精品服务"（伙伴关系营）两个服务任务；纵向上将"创优"平台分解为"资源库建设""讲师团建立""自组织能力建设""品牌打造服务"4个服务主题,将"伙伴关系营"这个精品服务分解为"伙伴一对一护老行""关护能力营""共营护老家园"3个服务主题。

下面以"伙伴关系营"这个服务任务的撰写为例。

"伙伴关系营"的总目标为:在活力老人与困境老人之间建立一对一的"伙伴关系",发挥伙伴的力量,为困境老人提供居家养老服务,提升困境老人的生活质量,营造尊老爱老敬老的社区氛围。

1. 伙伴一对一护老行:通过在活力老人与困境老人之间建立一对一的帮扶关系,由活力老人每周为"伙伴"提供一次精神慰藉、情感陪伴、生活照料等上门居家养老服务,同时采用"时间银行"的激励机制,对活力老人的志愿服务进行回馈和鼓励。

2. 关护能力营:通过链接专业力量,为活力老人志愿者以及养老护理员和其他护理人员提供护理知识培训,争取达到90%的参与者掌握初级养老护理知识,并同时组建护老者共学营,一年至少组织4次学习营,提升老人的护理能力。同时通过团建活动激发老人学习的动力。

3. 共营护老家园:以举办具体活动、爱老敬老文化倡导等方式,营造社区浓厚的爱老护老氛围。

"伙伴关系营"服务内容详见第4章第二节"案例分享",此处略。

三、选取关键词做活动主题

活动主题是根据目标分解出来的服务任务,或者是对服务任务的进一步细化,它旗帜鲜明而又概括性地揭示出本项目要做的具体事情是什么。我们在第4章项目内容设计里已经介绍了主题的分解、筛选和确定,对于项目撰写人员而言,已经比较清楚项目需要做什么,现在要做的,就是根据服务内容凝练出核心主旨,然后围绕主旨形成系列主题,通过文字的组织让不同的读者理解项目要做什么。

常见的主题撰写方式有以下几种:

一是以理念中的核心概念和关键结论为主题。服务活动源于服务策略，而服务策略是从一定的理论中得来的，所以活动内容的主题可以借用理论的核心概念来拟定。比如，根据生态系统理论撰写老年群体的服务内容时，就可以从"身心社"三个方面介入，将服务主题拟为"身有医""心有护""社有助"。

二是以服务需求为主题。可以直接用需求表述，也可以将需求转化为意境化的表述。以上述案例中的"伙伴关系营"为例，老年人互助是"老有所为"的一种表现形式，"伙伴"这个词恰如其分地贴合了同类群体互助的内涵；同时"伙伴关系营"之下的系列活动主题，则均是围绕如何实现互助这个问题来寻求答案，从而体现提供服务机会、提升服务能力、传承爱老文化等方面的需求。

三是以具体的专业工作方法为主题。常用的有个案工作、小组工作、社区工作三大工作方法，这样的命名方式也很常见，但不是所有的服务活动都能被三个专业方法囊括，尤其是在社工站这样较为复杂综合的项目中。

四、采用可操作性的表述

我们可能经常遇到这样的问题，执行项目的一线社会工作者并不是项目方案书的撰写人，当他们拿到项目方案书之后，貌似都看懂了，明白了服务的方向，但是如何具体操作还是会茫然无措。原因何在？答案是缺少操作性的表达。通俗一点讲，就是没有具体的指示，不知道怎么将方向性的内容转化成具体行为。

如何撰写才能让服务活动具备操作性呢？可以把以下内容有序地加进去。

一是有指导意义的服务目标。借鉴前面目标撰写的方法，采用"时间+动词+名词"的公式撰写，以时间和动词开头。时间是指服务时间；动词是指表示行为的动词，通常出现在目标里的动词有参加、拜访、学习、联系、讨论、计划、获得、演示、选择、安排、进行、决定等；名词是指获得或改变的内容。比如，每周（时间）为"伙伴"提供（行为动词）一次精神慰藉、情感陪伴、生活照料等上门居家养老服务（内容）。

二是有效的服务方式。服务方式是为目标服务的手段，是解释社会工作者将会围绕活动主题和目标做哪些事情，用直接、清楚的语言描述，凸显本项目的特色，显示服务方式与服务主题、服务目标之间的逻辑关联性。比如个案、小组、社区活动、志愿者队伍建设、培训、组织培育等。社会工作者要善于挖掘本土元素，将本土特色与内容融合起来，发挥想象力，开发更丰富多元的服务技巧。比如某社工站要在社区开设周末课堂，提供课业辅导和兴趣培养，根据资源分析后，决定邀请退休的国家级名师和高校大学生担任老师，这样一来服务就有了本地特点，对服务对象的吸引力也增强了，资方会对项目更有信心。

三是具体的服务指标。通常有三类指标，即活动指标、参与者指标、服务成效指标。在表述上通常采用"数量+形式"的方式。活动指标是指提供给服务对象的活动单位以及物质单位产出，通常用服务次数、提供何种物资、数量是多少等来描述。参与者指标是指服务的人数或人次。服务成效指标是指有何改变，包括知识、技能、态度、行为、关系、状况等的改变，也尽量用数据来表示。比如上述"共营护老家园"中"节日活动"的指标定位：每场活动参与人数60人以上（参与者）；活动参与者满意度达90%以上（用满意度来评估成效）。

五、分门别类撰写

社会工作者可以按照不同的方法对服务活动进行分类，然后按照一定顺序进行撰写。一般有三种方式：一是按照服务活动的时间先后顺序来写，比如需求调研—探访—建立服务联盟—搭建伙伴关系—培训服务能力。二是按照内容的关联性来写，将服务活动整合在主题模块下，按主次关系撰写，比如上述"伙伴关系营"就属于这种方式，将"伙伴关系营"分为三大类：伙伴营服务行动、伙伴营能力提升、伙伴营凝聚力打造。三是根据服务活动涉及的层面，可以将服务活动分为微观、中观和宏观，按照由小到大或由大到小的顺序撰写。一般推荐使用第二种方式，这样项目的逻辑关系更清晰。

第六节　项目其他方面怎么撰写

前面我们了解了社会工作项目书的标题撰写、需求与背景撰写、理念和目标撰写、方案服务活动撰写，但是我们的项目书还包括项目成效、项目预算、风险应对、评估方法、创新性和可持续性等内容。本节将重点介绍项目预期成效的撰写。

一、项目预期成效的撰写

项目预期成效是项目方案书的核心内容之一，它是打动服务项目利益相关方最核心的要素。具体而言，项目预期成效包括三部分内容：项目预期的产出与改变成效，项目成效评估指标体系，项目成效评估方法。[①]

一是明确产出和成效的区别。在项目预期成效这一点，许多社会工作者常犯一个错误，就是将项目产出等同于项目成效。其实二者之间是有差别的，成效的内涵包含产出，但不限于产出，它还蕴含着对改变的追求。项目预期成效包含两重内容，一个是项目产出成效，另一个是改变成效。服务项目产出成效是指服务投入的成效，如建立多少个档案，完成多少个个案服务、小组服务和社区活动，有多少篇媒体报道等。服务项目改变成效则是指服务之后服务人群自身发生的改变，如错误认知的消除、正向的自我评价、情绪管理能力和社会服务能力的提升等。前者关注社会工作者做了什么，后者关注服务人群发生了什么改变。这两种成效对于项目而言都是至关重要的，但不能混淆。

二是确立评估维度。产出成效较为容易确定，包含活动和参与者，这在本章上一节"服务指标"里已有说明。难点在于确定服务项目预期改变成效的维度。寻找成效评估维度可用的方法至少有两个：一个是文献研究

[①]　童敏. 社会工作专业服务项目的设计：实践逻辑与理论依据［M］. 北京：社会科学文献出版社，2020：292.

方法。查阅相关的文献或者资料，找到目前公认的一些证明改变的指标，比如养成健康的生活方式，早睡早起、适量运动等就是比较公认的标准。另一个是类比的方法。同类型的项目，其他的人取得了好的成效和成绩，他们的成效在哪里？本项目在上一年度取得了好的成效，表现在何处？① 可以参考已有类似的服务，比如根据 D 街道的实际诉求，"伙伴关系营"的评估维度为三个方面：行动、成长和影响，即提供了哪些社区服务、哪些方面的能力得到了提升、对于社区爱老和互助氛围营造的影响。

三是建立项目成效评估指标要尽量量化。改变是有维度的，成效是可以量化的。这两句话说起来容易，但是操作起来的确有很大的难度。维度确定的是改变成效的方向，而指标则是反映改变的程度，程度具备量化的可能性，因此能够量化的直接量化，不能量化的创造条件把它量化，包含面向哪些对象、多少人、在多长时间内、发生什么样的变化等。另外，要避免只用形容词的成效描述误区，如一份"新型社区邻里创熟"主题的项目书写道："我们的活动使居民生活变得更丰富了，居民更文明了。"这样的成效展示没法量化，毫无说服力。换一种成效展示方式，效果则会明显不同，如体现小区居民信任度提升："1. 社工开展活动后，小区有 70% 的人了解了自己邻居的职业；2. 小区 15% 的邻里可以约在一起去旅游了；3. 工作繁忙时，10% 的人信任并把小孩寄放在邻居家。"② 这些量化的成效指标，浅显易懂，非常合适。所以，要由成效指标开始，构建起一套成效评估方法。常用的评估方法有调查研究法、观察法、分析现有数据和资料等，会借助一些执行工具来验证，比如活动记录、问卷、量表、访谈等。

四是站在不同的利益相关方的角度确定成效，对成效进行扩容。在实际工作中，缺乏服务经验的社会工作者容易把服务成效的主体限制在服务对象个人层面上，而忽略更大的主体。要从直接受益人跳出，去研判对社区/社会有何影响。一个项目的价值，部分体现在回应利益相关方的迫切

---

① 张立弟. 社会工作服务成效设计与管理［J］. 中国社会工作，2018（1）：48-50.

② 好的社工服务铁三角定律②：一切不创造价值的服务，都是耍流氓，谈社工服务的"结果正义"［EB/OL］. http：//practice. swchina. org/view/2020/0810/36939. shtml.

需求上，很多的利益相关方，在关注项目目标的达到程度之外，可能还会有对模式创新、对应时政、媒体报道等方面的需求，因此真实的项目不可能不往这些方面倾斜，这就让项目的服务成效相对扩容了。

五是所有的成效都离不开价值靶心。忽略价值靶心，就像忽略一个人的灵魂，因而我们要明晰这些问题：我们的目标对象到底是谁？多少人？他们的问题和需求到底是什么？这项服务/项目给目标对象带来的正向改变到底是什么？这些问题回答清楚了再下手。

六是项目预期成效可以通过一张表格清晰地呈现出来，在表格中加入项目活动内容、预期成效（包括产出成效和改变成效）、评估指标、评估方式以及备注。如表6-2所示。

表6-2 项目预期成效

项目内容	预期成效（产出和改变）	评估指标	评估方式	备注

案例分享

"夕阳东照"社工站项目部分成效

项目内容	预期成效	评估指标	评估方式	备注
需求调研	·调研报告（产出）； ·清楚了解服务区域基本情况、资源、社区需求（成效）	·调研报告1份； ·调研报告的完整度和精准度	·查阅档案； ·访谈	
走访活力老人	·建立信息资源库； ·活力老人建立伙伴关系意愿提升	·走访不少于120次； ·有意愿建立伙伴关系的老人达到1/3	·查阅走访记录表； ·访谈	随机抽取走访对象进行访谈

二、其他内容

项目方案书的其他内容撰写也要注意分门别类及逻辑关系。下面简要谈一下项目资金预算、风险管理和可行性分析。

项目资金预算：项目预算编制的具体操作方法可参考第 5 章。书写时采用表格的形式来介绍，介绍时需要注意以下细节：一是与出资方的要求保持一致；二是在初步完成项目预算之后，一定要进行反复的论证，通过逐项推演和检测，进一步明确体现在预算内的人员配置、服务内容、服务频次、服务规模等是否符合双方的预期目标，用以再次检验预算的可行性；三是考虑总分关系，保证经费的分项和汇总金额是一致的，一定要多人多次验算，确保数额没有错误；四是预算表设计清楚具体，通常包含支出项目、支出明细、单价、数量、金额等（参见第 5 章第二节"明确预算内容"和"设计预算表"）；五是金额单位通篇保持一致。

风险管理：风险管理书写内容包括项目风险和应对方法两部分。服务项目的风险管理不同于服务活动的风险管理，它是针对服务项目整个执行过程来说的，重点考察项目的服务人群、项目团队和项目经费在项目实施过程中的稳定性。而服务活动的风险管理更关注实施过程中可能面临的困难，如活动的场地、时间安排、交通、安全、活动的社会环境甚至天气状况。[①] 服务项目服务人群风险包括目标服务对象的风险、潜在人群的风险、合作人群的风险以及服务团队的风险。比如，社工站项目中直接服务人群可能会因为对社会工作的知晓度低而拒绝服务，或者因为流动而退出服务；合作人群中包括基层民政所的负责人，他们如果将社工站社会工作者定位为单一的民政补充力量，就可能会阻挠社会工作者开展专业服务；社会工作者可能会因为待遇不满意和价值冲突离开项目组。这些都需要项目组做好风险应对的准备。

可行性分析：一般从项目团队、经费和时间保障、利益相关方的支持、服务经验等方面进行全面介绍。

---

① 童敏. 社会工作专业服务项目的设计：实践逻辑与理论依据［M］. 北京：社会科学文献出版社，2020：291.

第 7 章

怎样复查项目方案

当我们做项目设计或者阅读别人的项目书的时候，常常会有一种只见树木、不见森林的感觉，可能看到了一块块的内容，如目标、理论、服务内容等，却不知道如何在整体上理解项目，不知道从哪些方面评价或完善项目方案。本章将着重分享项目设计与方案评估中需要把握的 5 个重要评判标准，以帮助大家更好地对项目方案进行复查与完善。

第一节　项目名称的创新性

项目的设计与品质是项目的内核，项目的名称必然建立在项目内核之上，往往会成为项目的点睛之笔。但是，项目命名是一个很费神的事情，既要准确表达项目的服务内容，又要力求展现项目的理念愿景，还要考虑给人良好的第一印象。在讨论项目名称创新前，我们先来看看一些好的社会工作服务项目的名称：

2012 年首届全国优秀专业社会工作服务项目获奖名单（一等奖）

1. 社区老人善终安宁服务项目（上海市闸北区春晖社工师事务所）

2. "城乡合作、公平贸易，共创生态文明与可持续生计"项目（广东绿耕社会工作发展中心）

3. "抗逆小童星"社会工作服务项目（南京大学社会学院社会工作硕士教育中心）

4. "联和一家·幸福联和"家庭综合服务项目（广州市中大社工服务中心）

5. "爱满新航"未成人关爱行动项目（上海市新航社区服务总站）

6. 农民上楼新村社区社会工作服务项目（北京市朝阳区近邻社会服务中心）

7. "涅槃重生"同伴教育辅导服务项目（上海市自强社会服务总社）

8. "和谐家园"深圳市反家暴社工援助服务项目（深圳市鹏星社会工作服务社）

9. 农民工新市民意识、新生活能力建设与社区服务项目（北京市协作者社会工作发展中心、南京市协作者社区发展中心）

10. 温江农民集中居住区"三社互动"社会工作服务项目（成都市温江区民政局、西南财经大学社会工作发展研究中心）

从上述优秀项目的名称中可以归纳出如下几种项目名称的创新方式。

一、服务对象的创新

此类创新主要在于聚焦到了一个常常被忽略的服务对象群体。如"社区老人善终安宁服务项目"，项目名称明确表达了为社区老人提供临终关怀服务。临终老人群体常常被忽略，因而在名称中提出容易引起关注。又如"农民上楼新村社区社会工作服务项目"，其名称明确了一个全新的服务背景，即在城市化的进程中，大量农民拆迁上楼面临着众多变化与挑战，从而产生了各种服务需求，如社区硬件的重建、人际关系的重建与利益格局的重组等。因此，拆迁转入城市生活的农民群体就成为一个新的值得关注的群体，相应的服务内容也需要进行创新，如社区重建、社区融入等，焦点便是如何让农民适应城市的"楼房生活"，实现真正的"农转居"与城市化。

二、服务理念的创新

此类创新主要在于项目的服务理念有所创新，能够在项目名称中得到清晰表达，让项目迅速引起关注。如"'城乡合作、公平贸易，共创生态文明与可持续生计'项目"，项目名称清晰地表达了项目的专业理念，即秉承城乡公平贸易的理念，进而促进城乡互动合作，实现乡村生态文明与可持续的生计发展。又如"'抗逆小童星'社会工作服务项目"，儿童服务项目已经有很多了，但是该项目的创新是引入"抗逆力"来开展儿童服务，从而有别于同类的服务项目，名称中"抗逆小童星"表达了这一创新的服务理念。

三、服务内容的创新

此类创新主要在于社会工作者面对同样的服务对象提供了创新的服务内容。如"'涅槃重生'同伴教育辅导服务项目"，首先用"涅槃重生"来表达吸毒人员的蜕变重生，然后用"同伴教育"表达服务内容的创新，它通过招募一批有过药物成瘾经历但已康复的人员，在接受系统培训后，以同伴辅导员的角色，向那些拥有相似药物成瘾经历的被辅导者传播健康、正向、积极的康复信念和行为方式，为他们提供情感上的支持，传授有效的康复经验，帮助被辅导者巩固康复效果，回归正常的人生轨道。又如"农民工新市民意识、新生活能力建设与社区服务项目"，项目名称中明确了面对农民工开展新市民意识教育与新生活能力建设等服务内容，从而让人迅速地把握了该服务项目的内容创新。

四、服务模式的创新

此类创新主要在于将项目运营置于一种新的服务框架或模式之下。如"温江农民集中居住区'三社互动'社会工作服务项目"，该项目以社区建设、社会组织、社会工作"三社互动"为服务模式，通过政府购买服务的方式建立社工站、派驻社会工作者开展服务，具体以社区建设为平台、社会组织培育发展为载体、社会工作人才队伍建设为重点来推动"三社互动"。因此，"三社互动"成为项目名称中服务模式的精要概括。类似的模式概括还包括大家更加熟悉的"三社联动""五社联动"等方式，通过这些具象的模式来表达服务模式的创新。

五、本土关联的创新

此类创新主要在于将项目服务内容与本土元素进行结合，从而产生一种新颖的视觉效果。如"'联和一家·幸福联和'家庭综合服务项目"，将服务地域——广州市黄埔区联和街道的地域名称融入了项目名称，巧妙地表达了"联和一家，为了联合每一家；幸福联和，和谐家庭千万家"的愿景。又如"'爱满新航'未成人关爱行动项目"，将项目名称与执行机构的名称做了结合，针对服刑在教和刑释解教人员未成年子女提供资助、辅导与支持等服务，使他们能更好地适应家庭变故、融入社会。

需要特别指出的是，项目名称的创新并非刻意地在名称上标新立异，而是建立在项目本身的设计与内容之上，目的是为了更加准确、清晰地表达项目的内容与精要，从而使项目更好地被关注和理解。脱离项目的内在品质追求名称的创新无异于舍本逐末，也必然流于花哨的形式表达而无法获得社会的认同。如同画龙点睛，如果"龙"都没画出来，"点睛"自然是不可能的，也是没有意义的。乡镇（街道）社工站项目有着强烈的本土特色，可以在名称中进行更多的嵌入。简而言之，项目名称的创新必须建立在项目品质内核之上，其作用仅仅是服务于项目内容的表达与传播的需要。

第二节　目标策略的清晰性

一、目标的清晰性

大家先来看看下列目标是否清晰？

目标 1：通过一系列社区文化活动来传承中华文化；

目标 2：对社区内 30 名小学生举办 20 场儿童性教育的培训；

目标 3：改善社区的居住环境；

目标 4：提升社区内老人出行的交通安全意识。

虽然我们前面已经讲述了目标设定的具体过程与方法，但是仍然需要再从项目总体方案来对项目的目标进行复查。复查的重点包括：

（一）服务对象是否清晰

项目目标中需要明确服务对象是谁，让别人一看就能明白。从上述案例中可以发现：目标 1，不清楚这里的对象是全体社区居民还是部分居民；

目标 3，没有明确是改善社区居民或哪些社区居民的居住环境。因此，判定服务对象是否清晰的简要方法就是要确定项目中直接的受益者是否足够明确清晰，让人一目了然。目标 2 是非常清晰的，不但确定了小学生的对象群体还确定了数量。目标 4 里的对象是社区老人，这也是比较清晰的表述。

（二）预期成效是否清晰

项目目标是设计者预期实现或达到的某些变化，这种变化常常会用动词来进行表述。在项目的总体目标中，这种表述会比较概括；在具体目标中，这种表述则会更加细致。从上述案例中可以发现：

目标 1 是要传承中华文化，显然这个目标过于宏大抽象，中华文化博大精深，通过社区活动就能实现传承？这样的目标不够清晰，也经不起逻辑的推敲。

目标 2 的问题比较严重，它混淆了项目目标与项目产出。它完全没有去描述预期的变化，只是说明项目要做多少事情，严格说这只是项目的产出而非项目目标。做这么多活动未必就会给服务对象带来预期的变化，有些甚至是反向的变化。因此，项目目标一定要将预期的变化表述出来，而不能仅仅交代要做哪些事情，这样才能便于人们理解项目最终的意义。

目标 3 也不理想，它的问题除了前面说的对象不明确外，还包括了预期成效不明确。该目标未能说明到底是社区居民家庭环境的改善还是社区公共环境的改善，也没有明确改善的具体状态。

目标 4 是比较清晰的表述，明确了项目最终要提升的是社区老人出行的交通安全意识，这个目标也是符合前面所说的 SMART 原则的，总体比较具体、清晰，也可以通过问卷、情景模拟等方式来进行测量。

二、策略的清晰性

很多项目方案在设定目标后就直接开始堆砌活动，这样就会存在一个问题，那就是项目本身的脉络与结构是很模糊的。具体而言，我们需要思考如下几个问题。

- 聚焦的项目目标与分散的大量活动之间是否对应？
- 活动与活动之间的关系是什么？

● 零散的活动是否有着合理的次序安排?

因此，我们需要在项目方案中呈现对于众多活动安排的基本框架或逻辑，当这种策略或框架清晰的时候，我们就会对于项目内容形成更加整体的思考，对于活动安排形成更加清晰的认识。

案例分享

C 镇灾害社会工作服务策略

一、防灾备灾阶段的社会工作服务

备灾阶段是保证救灾顺利进行的基础，除了需要建立完善的防灾设施和救灾系统外，更主要的是建立基层社区自助互助组织与平台，使社区自身拥有防灾救灾的意识与能力。项目将从建立社会工作服务站、依托服务站培养本地社会工作人才、建立备灾中心、成立备灾中心管委会、组建志愿者队伍和建立信息共享平台等 5 个方面来搭建社区自助互助网络。

服务内容	项目明细	时间	服务目标	评估指标	注意事项
建立备灾中心并成立管委会	备灾中心筹建和备灾物资储备	8月15日至9月15日	为救灾储备急需物资，以便及时快速回应救灾需求	1. 备灾仓库有防火、防潮等设施储备； 2. 备灾物资涵盖食品、医药、救生衣、帐篷等基本救灾物资	救灾中心应考虑当地灾害发生的特征，建立在交通和通信便利的××江分支水系沿江社区，能辐射大部分灾害多发地区
	成立备灾中心管委会	9月1日至9月25日	1. 制定管理制度，对备灾中心进行有效管理； 2. 培养社区自我管理的意识与能力	1. 管委会成员以当地居民与村民为主体，项目组和当地政府进行监督； 2. 有完善的管理制度和监督制度	管委会主要目的在于发挥当地资源为社区服务，因此项目组与当地政府以协作辅助为主
……	……	……	……	……	……

二、救灾阶段的社会工作服务

无论何种灾害发生时，基层社区自助互助网络能有效地协助政府救灾系统完成救灾工作，在救灾过程中提升志愿者队伍、备灾中心管委会、信息采集发布系统等社区组织的救灾能力，并采用社会工作应急干预方法为有需求群体与个体提供情绪安慰、心理建设和应急处理服务等。

服务内容	项目明细	服务目标	评估指标	注意事项
信息采集、发布系统发布灾害与需求信息	1. 灾害预报、通知； 2. 灾情与灾害需求信息收集； 3. 灾情与灾害需求信息发布； 4. 向外界公布救灾物资与款项的筹集、使用等情况	1. 使社区居民及时做好防灾救灾准备； 2. 向外界及时传递灾情与灾害需求，使外界了解灾害情况，并引导外界力量参与救灾	1. 信息采集及时，灾害发生1个小时内必须上报受灾情况与受灾群众需求； 2. 灾害发生1个小时内就必须对灾情与需求信息进行公布	信息采集及时准确
……	……	……	……	……

三、灾后重建阶段的社会工作服务

灾后重建阶段的社会工作服务是保障受灾群众适应生活、重新投入生产活动的重要途径。从调查中了解到，以往的自然灾害造成的经济损失并不严重，但受灾群众仍然希望能够获得一定的生活与生产补贴，受灾较为严重的家庭和个体在心理上仍然存在阴影，需要提供专业的社会工作服务。

服务内容	项目明细	服务目标	评估指标	注意事项
组建社区生产互助基金小组	选取1个受灾严重社区进行试点，以自愿参与的方式组建互助小组，以户为单位，每组10~15户，每户按照500元的规格配置资金，资金主要用于生活与生产性活动，以小额信贷的方式运转	1. 一定程度上帮助受灾群众渡过灾害带来的生活生产难关； 2. 提升互助合作和自我管理的能力与意识	提供3个月的试运行，如果运转顺利则交付村民管理，如果不顺利则资金收回	＊说明：此小组也可在备灾阶段筹建；项目组需要督促互助小组建立完备的管理制度
……	……	……	……	……

上述案例清晰地呈现了灾害社会工作的服务策略，先做防灾备灾，然后做救灾，最后做灾后重建的服务。从中我们看到的不是按照个案、小组、社区方法分类的服务产出，也不是服务活动的随意堆砌，而是清晰地将项目中的各项活动作了分类，所有的服务活动分别归类到防灾备灾、救灾与灾后重建三大板块之中，同时也明确了这些活动类别的次序及其相互关系，总体上又聚焦和回应了项目的目标——提升当地社区、家庭、群体和个体在防灾救灾方面的意识和能力。

因此，当我们做完项目方案的时候，需要回顾这些活动是否回应了前面设立的目标，是否有着清晰的项目实施思路与次序，是否让散乱的活动能够呈现它们的相互关联。当这些问题都比较清晰的时候，我们就可以确认项目的策略与脉络是清晰的，也更能说服支持方来支持项目。

第三节　内容设计的专业性

当我们完成项目方案初稿的时候，或者当我们面对评委询问的时候，常常会碰到这个问题：服务内容的设计是否专业？下面为大家提供一些判定项目内容设计是否专业的标准。

一、服务内容是否呼应项目目标

在对项目内容设计进行复查时，首先关注的问题是服务内容是否呼应了项目目标。如前所述，服务内容的设计和执行是为了实现项目目标，因此我们需要仔细比对服务活动是否呼应了项目目标。

案例分享

留守儿童安全教育项目

在社区层面开展留守儿童安全教育的对象既包括留守儿童，还包括其监护人。监护人和儿童通过共同参与社区环境的改变和安全知识的学习活动，来改变其传统的安全教育方法和观念，提升留守儿童应对安全的意识和能力。

序号	服务活动	服务时间	地点	目标	服务内容
1	安全环境改变任务小组	2019 年 7—8 月	三个村沿河地带、马路、村到小学的路段等	1. 改变不安全的社区环境，为儿童生活和出行提供安全保障； 2. 提升儿童和监护人的社区参与意识	1. 增设沿河路段、村口马路的防护设施，如防护栏、警示牌； 2. 绘制儿童安全出行和上学路线，标识社区内不安全环境 ……
2	安全知识教育小组	2019 年 7—9 月	三个村	1. 让儿童在参与过程中增加安全知识； 2. 通过小组的形式增强儿童参与积极性	1. 围绕交通安全、活动安全、防火安全、用电安全、游泳安全、饮食安全、自我保护等方面开展小组活动； 2. 活动以宣传教育、游戏、角色扮演、影片观赏等形式进行 ……
3	课后照护	2019 年 8—12 月	村小学	帮助家庭缓解工作和照顾孩子的冲突和压力	为有需要的留守儿童提供课后学业辅导服务

　　上述项目的主题是留守儿童安全教育，这就意味着所有的服务活动都要围绕这个主题开展，服务活动的设计是否专业就要看这些活动是否呼应了项目的目标——提升留守儿童应对安全的意识和能力。

　　从这个标准出发，我们可以发现：活动 1 与活动 2 是很好的设计，分别聚焦于安全环境与安全意识的改善，凸显了专业性；但是，活动 3 的设计就偏离了留守儿童安全教育这条主线，它是课后照护以缓解监护人的照护压力，未能呼应提升安全意识的项目目标，因而需要将其剔除。

二、服务内容的要素是否完备

我们先来看一个项目方案中的比较完整的服务活动。

案例分享

活动名称	活动内容	活动目标	时间	次数	地点	评估指标
个案咨询与辅导服务	1. 提供情绪疏导和压力缓解服务；2. 提供亲子沟通的技巧；3. 协助解决家庭困难和问题等	1. 帮助单亲母亲掌握应对家庭变故所带来的各种困难和问题的有效方法；2. 提升单亲母亲生活和工作的自信心	2018年4—12月	社工每周服务1次	中心个案室或单亲母亲家里	1. 每个个案服务的记录表和结案报告；2. 提供2个具有代表性的个案服务案例

从上述活动案例可以发现，一个完整的项目服务活动会包括如下几个要素。

- 活动的名称：通过名称可以知道这是一个什么样的活动；
- 活动的内容：说明该服务活动具体做的是哪些服务；
- 活动的目标：说明这个活动要去实现的是哪些改变；
- 活动的时间安排：说明在什么时候开展服务、开展的频次如何等；
- 活动的地点：说明该活动开展的具体地点；
- 活动的评估：说明如何评估活动的成效。

很多人会觉得缺失了活动的执行人，实际上在项目方案活动设计时，常常无法确定具体的执行人，因为此时项目能否获得支持、落地执行并不确定，当然也就无法确定项目的执行人。更完整的活动要素应该是在单独的活动计划中得以体现。项目方案中的活动设计有时候会比这个更简单，如地点、评估指标都不会有，但是至少需要有活动类别（名称）、活动内容（目标）以及活动时间三项最基本的要素，让项目阅读者知道活动最基本的信息。

三、服务内容是否符合专业的规范、价值和理念

社会工作作为一个专业，有其自身专业规范的要求和价值理念的追求，这在服务内容的设计中有着具体的体现。

案例分享 ··

序号	服务活动	服务时间	计划内容与目标	预期效益（服务量）
1	"给妈妈的一封信"母亲节主题活动	2020年5月	1. 通过母亲节推行感恩教育； 2. 通过收集孩子写给妈妈的信件，组织留守儿童一起参加； 3. 让写信的孩子当众宣读信件，激发孩子的感恩之情	1. 预计服务20人次； 2. 协助留守儿童通过文字与语言，勇敢表达对母亲的感谢与爱意
2	暑期夏令营	2020年8月	1. 寻找愿意来帮忙做活动的人； 2. 把孩子们带到村小学玩耍	1. 预计服务人数20人； 2. 让孩子在这里玩得开心
3	志愿者爱心探访	2020年8—12月	1. 统一给孩子发放书包与文具； 2. 志愿者帮助孩子洗衣、做饭、做家务	1. 预计服务50人次； 2. 给予留守儿童温暖关爱

上述案例呈现了服务内容设计中比较常见的三个问题：

一是表述不规范。活动2对于计划内容与预期效益的表述都是口语化的，不符合专业的表述规范，如"寻找愿意来帮忙做活动的人"可以表述为"招募志愿者"，"把孩子们带到村小学玩耍"可以表述为"组织留守儿童到村小学开展活动"，"让孩子们在这里玩得开心"可以表述为"帮助孩子们快乐成长"等。

二是价值伦理的疏忽。活动1中有一个环节是让写信的孩子们当众宣读信件，这涉及孩子与母亲的私密关系，会存在不便分享的内容，这

明显涉及孩子的隐私，是对社会工作中隐私保密伦理的疏忽，所以不能如此设计。可以鼓励孩子写好信，他们自己封好后，协助他们寄送给父母。

三是专业理念缺失。社会工作有一个广为人知的专业理念——助人自助，但是在实践中常常容易产生偏离。活动3看上去很符合公益活动的特点，关爱留守儿童，帮他们做具体的事情；但是，这种包办替代可能会挤压孩子自我照顾能力提升的机会。社会工作更看重的是助人自助，活动设计应有利于孩子提升自己照顾自己的能力，这样才符合社会工作的专业理念。

第四节　要素资源的协调性

案例分享

某地通过福彩公益金支持一批乡镇（街道）社工站开展专业服务项目，有很多社工站进行了申报。为此，当地民政部门组织专家对这些申报的项目进行评审。在评审的过程中，一个儿童服务项目引发了争议。该项目方案的目标、内容都不错，算是同类项目的中上水平，但是最终被评委否决了。为什么呢？专家反馈的原因主要是：一是项目的产出太大，明显超出了预算资金；二是项目的活动集中在前期，违背了项目的一般规律，且未见合理的说明。

上述案例反映了项目设计中一个不容忽视的环节，就是需要在项目内容与资源支持方面做好协调和平衡。服务内容多于服务资源自然难以落地实施，而服务资源多于服务内容意味着资源使用的低效与浪费。具体而言，在项目方案设计中，需要特别关注和重点协调如下关系。

一、人员与项目计划的协调

项目产出就是项目所做事情直接产生的结果、产品、服务等，通常以总量统计的方式呈现，如完成 4 个老年兴趣类小组、提供课后托管服务 120 个小时、发放爱心助学包 50 个等。

社会工作服务项目是需要具体的人来执行的，从方案层面来看，需要审视项目的人力资源与项目的计划产出是否协调匹配。需要指出的是，这里的人员不仅包括执行项目的社会工作者，还包括可能参与、协助项目执行的志愿者、服务对象等。

一个规范的社会工作服务项目需要专职的社会工作者来落地执行，项目工作人员的数量和质量能否与项目计划和质量要求相匹配非常关键。项目工作人员有两种基本的状态：一种是全职工作人员，社会工作者全职全天候地投入项目之中；另一种是兼职工作人员，社会工作者只投入部分精力在项目中，如有些项目太小，没有那么多全职人员，就由兼职社工负责项目执行，或者由兼职社工协助全职社工来执行。

在项目设计中，设计者需要仔细地匹配项目人员与项目的计划和产出，重点关注如下两个方面。

（一）项目计划与项目人员的数量是否匹配

在一次项目培训中，学员们根据自己的工作实际设计服务项目。有一个学员设计了一个在全镇范围对 120 个残疾儿童的探视服务，每两周一次，配置的社工数量是 2 人。这项设计立即引发了其他人的质疑，如果每两周探视 120 个残疾儿童，意味着每周要探视 60 个儿童，并且还是在分散的乡村地区，完全不可能实现。后来该学员说，他们有一个遍布乡镇的志愿者网络，探视工作主要由就近的志愿者完成。这种安排说服了质疑的学员。

这个案例说明，在做项目设计的时候，需要对服务内容与项目人员的安排进行仔细的比对，看看人员和精力是否匹配服务的内容与产出。另外，如果使用的人员是兼职人员或志愿者，也需要在项目方案中作详细说明，以清楚地证明方案的可行性。

（二）项目计划与项目人员的能力是否匹配

在项目方案的人员安排中，需要将项目服务内容与项目人员能力进行匹配，具体考虑以下两种情形：

1. 资质的匹配

很多项目对任职社会工作者的资质有着明确的要求，如初级社会工作者或中级社会工作者的持证状况等。虽然资质与能力不能画绝对的等号，但是可以加深资方对项目方的信任。

2. 经验的匹配

项目执行团队的经验是获取资方信任的主要原因。社会工作有不同的服务领域，也有不同的项目类别，我们需要将项目团队的经验与项目方案进行匹配，例如曾经做过留守儿童服务项目的社会工作者再来做同类项目，常常更容易获得信任和支持。

二、资金投入与项目产出的协调

案例分享

某社工机构申请某基金会的留守儿童服务项目，制定了如下儿童安全教育活动的部分预算：

序号	服务活动	活动产出	支出明细	所需经费
1	安全课堂	1. 参与人数：80人； 2. 课时：2天16小时	1. 活动宣传、课程资料等费用，共计：12000元； 2. 大学生志愿者补贴费用：6000元	18000元
……	……	……	……	……

如果只从资金使用的角度很难判定项目方案设计是否合理科学，特别是预算做得很粗略的时候，但是当我们比对项目资金支出与项目产出的时候，就可以清楚地判定这种资金支出与项目产出是否协调，是否有效率。从上述案例中可以看出，总共投入了 18000 元，最终只产出了两天的课程，意味着在农村小学免费场地和使用志愿者的情况下，一天的费用达到了 9000 元，半天课程的费用达到了 4500 元，这显然是一个高投入而低产出的事情，很不划算，也很不合理。

上述案例所展现的就是项目设计中要保持项目资金的投入与项目服务的产出相匹配。如果资金投入很大，而项目产出很小，意味着资金使用效率低下，浪费严重，甚至有其他财务法律风险。如果资金投入很小，而项目产出很大，意味着项目设计并不合理，项目很难落地实施。

因此，在审视项目方案的完整性时，需要重点关注资金预算与项目产出的协调性。在实际操作中，常常需要基于项目经验来假设项目执行的真实情景进行推理，具体的标准需要参照行业内一般的价格成本与产出效率。当项目预算比较具体时，可以顺推项目产出是否合理可行；当项目预算比较粗略时，可以从项目产出倒推资金的安排使用是否合理。只有资金投入与项目产出协调合理，方案设计才能更好地获得资方认可，才能更好地落地执行。

三、项目进度与资源支出的协调

图 7-1 显示了项目周期、资源投入与项目产出的关系，其中：横轴表示项目的时间周期，大体可以分为项目策划、启动筹备、实施控制与评估结项几个阶段；纵轴表示资源投入程度；灰色部分表示项目产出。从中可以看出三者的关系：在项目早期，项目产出比较少，资源投入也比较少；随着项目向前推进，到了项目中后期，项目产出与项目投入都在增长；到了结项期，资源投入又会迅速下降。这说明项目的资源投入与项目产出是成正比的，服务活动做得越多所耗费的资源也就越多。

因此，在复查项目方案的时候，需要重点审视项目的进度安排与资金使用是否协调。当项目进度安排中的服务活动比较多的时候，资源投

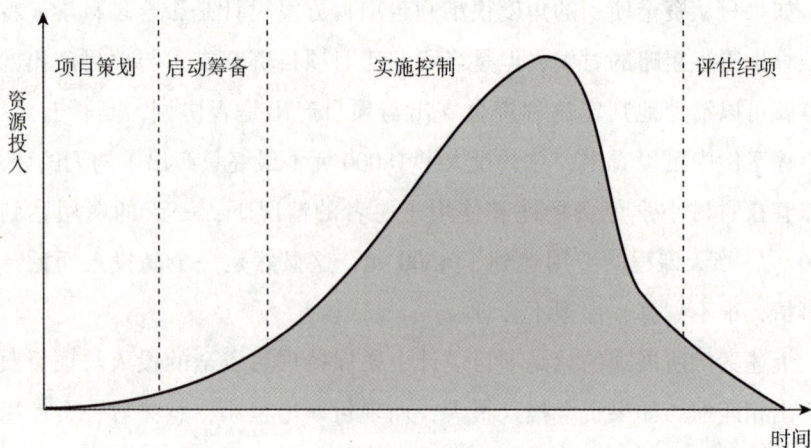

图 7-1　项目周期、资源投入与项目产出

入也应该是比较多的；当项目进度安排中的服务活动比较少的时候，资源投入也应该是比较少的。只有二者匹配协调，项目方案设计才会更加合理可行。

第五节　项目呈现的整体性

案例分享

　　方案 1：F 区街道社工站"老有所为"服务项目工作方案框架

一、项目背景与需求分析

二、项目目标

三、工作方法与服务策略

四、项目内容与工作重点

五、项目产出指标量化

　　方案 2：C 镇灾害社会工作服务项目方案框架

一、项目背景

二、问题与需求评估

三、服务理念与理论框架

四、服务目标

五、具体服务内容

六、项目进度安排

七、项目经费预算

八、评估方案

九、问题与风险预案

上述两个方案的结构和要素，既有区别又有一些共同的地方。为了确保项目方案的完整性，我们需要在总体上对项目方案进行审核，看看是否有遗漏或缺失。主要关注两个方面：一是项目的基本结构是否完整，二是项目的基本要素是否完备。

一、结构的完整性

不同类别的项目对于项目方案的要求是不同的，有些要求比较简单，有些要求比较复杂。上述案例中的两个方案都比较完整，只是方案 1 的结构比较整合一些，方案 2 的结构比较具体一些。不管是简单还是复杂，项目方案的总体呈现逻辑是有条理地向读者介绍项目的来龙去脉和具体操作。一个相对比较完整的项目方案的结构应具备以下内容。

——项目的名称。任何项目都需要有名称来进行指称，具体的命名方式可以参考第 6 章。

——项目的背景与需求。项目方案通常需要交代项目的背景与需求，以有利于人们理解项目的来龙去脉和意义价值。无论是方案 1 将背景与需求合在一起，还是方案 2 将背景与需求进行分开描述，这取决于方案的实际情况，但这些部分都应是方案中必备的。

——项目的目标与理念。严谨的项目方案必然包括目标，项目的所有资源投入、服务产出都是奔着项目目标而去的，更专业的项目方案还会交代相关的理论依据或核心理念。如果不是那么追求专业性，可以参考方案1，直接描述目标。如果对专业性要求更高一些，可以参考方案 2，为项目寻找理论与理念依据。

　　——项目的策略与框架。项目方案包含了很多的服务活动，需要建立一个框架将这些活动分门别类地归整起来，呈现项目的脉络与结构。方案1专门对策略进行了介绍，方案2也有防灾备灾、救灾与灾后重建三个部分的项目框架，这样有利于项目的总体与脉络的清晰呈现。

　　——项目服务内容。这是项目方案的必备要素，具体交代各个活动的名称、内容与目标等。具体的操作可以参考第4章。

　　——项目的预算。项目执行必然需要各种资源支持，特别是资金的支持，所以项目方案必然涉及项目预算，具体的预算可以参考第5章。方案1中没有预算是因为这是用于招投标，在另外部分已经申报了价格和预算，方案2则明确了项目预算。

　　——项目的进度与产出。项目方案通常需要制作项目的进度安排与预期产出的表格。方案1在服务内容与工作重点中绘制了甘特图，另外也专门制定了用于量化的产出指标。方案2因为在服务内容中对于活动产出进行了具体说明，虽没有进行专门的汇总统计，但加上项目进度的交代，也比较完整地呈现了项目的基本结构。

　　需要指出的是，由于各个主体对于项目方案的要求不太一样，因此评估方法与风险预案等部分不一定都出现在项目方案中。但是，项目最基本的部分一定包括项目的名称、目标、内容与预算等，否则项目结构就不够完整。

二、要素的完整性

　　除了基本结构的完整性，我们还需要仔细审视一个社会服务项目方案是否涵盖了项目的基本要素。这些要素可以简要概括为"6W+3H"：

● Why：为何做这个项目，包括项目的背景、目的、目标。

● What：项目计划做些什么，包括具体的服务内容与安排。

● When：项目什么时候做，包括项目的时间周期与进度安排。

● Where：项目在哪里做，包括项目所服务的区域以及具体的场所。

● Who：项目由谁去做，包括项目的专职人员、兼职人员以及相关的志愿者等协助人员。

• Whom：项目的服务对象是谁，包括项目的直接服务对象与间接服务对象，或者说是直接受益对象与间接受益对象。

• How：项目具体怎么做，包括项目的策略、思路、内容、方法与技巧等。

• How much：项目执行需要多少资源，包括项目的资金预算、物资配置等。

• How about：项目做得怎么样，包括通过评估指标与评估设计来论证和呈现项目的服务产出与服务成效。

复查项目方案要素是否完整时，可以参照上述 9 个方面进行核对，看看这些基本要素是否齐备、是否清晰。

最后的项目方案复查工作既可以由设计团队自己来审核，也可以邀请专业人士或服务对象来检查，如果在项目名称的创新性、目标策略的清晰性、内容设计的专业性、要素资源的协调性、项目呈现的整体性等方面都已经比较清晰、完善和现实可行，则可以判定这个项目方案已经成形，可以提交申请或付诸实施了。

后　记

　　作为一名社会工作专业教师，我常年教授"社会工作项目策划与评估"课程，也参与了很多社会工作项目的策划与评估实践，并一直关注和期待本土化社会工作项目设计的著作或教材出版。在机缘巧合下，我有幸牵头撰写了《社工站项目设计怎么做》一书。为了能更多地从基层社工站一线社会工作者的立场来进行撰写，我邀请了高校和社会工作一线的老师和社会工作者们组建了创作团队，在搜集很多参考著作后发现，结合社工站的本土实践和社会工作小白们的需求，很多内容我们几乎需要重新撰写。为此我们做了详细的分工：

　　龙欢（中共湖南省委党校）、王肖静（湖南女子学院）为主编，负责全书统筹；陈立周（湘南学院）、王林丽（湘潭大学）、邓志强（中共湖南省委党校）为副主编，负责部分章节的统稿。第一章由陈立周（湘南学院）负责撰写；第二章由黎宁（湖南劳动人事职业学院）负责撰写；第三章由叶玲（湖南劳动人事职业学院）负责撰写；第四章由王肖静（湖南女子学院）负责撰写，第五章由彭海燕（长沙市爱乐社会工作服务中心）负责撰写；第六章由王林丽（湘潭大学）负责撰写；第七章由龙欢（中共湖南省委党校）负责撰写。

　　创作团队前后历时一年多，经过多次线上线下交流讨论，不断对全书框架与内容进行修改完善，最终拙作终于完成。在图书即将付梓之际，我们期待本书能为一线社会工作者设计服务项目提供有效的指引，也期待它为社会工作专业师生提供有用的参考。同时，我们也充满忐忑，深知本书仍然存在一些错漏和不足，仍然会面临很多批评和质疑。曾子曰"君子以文会友，以友辅仁"，如果本书能引起大家的关注、讨论和批评，进而交到更多的社会工作者同行朋友，不断完善本书，共同推进充满"仁德"价值的社会工作事业，无论如何都是一件幸事！最后要感谢我的老同学、《中国社区治理》主编李焱林的推动支持，感谢为本书创作提供支持帮助的社会工作同人们，感谢中国社会出版社张迟老师等所付出的辛劳！

龙　欢

2023 年 12 月于长沙岳麓山下